SCIENCE ET RELIGION

Études pour le temps présent

COLLECTIVISME ET COMMUNISME

DEVANT LA DOCTRINE CATHOLIQUE

PAR

A. TOUSSAINT
Licencié ès-lettres

Avant-propos par M. Max TURMANN

PARIS
LIBRAIRIE B. BLOUD
4, RUE MADAME ET RUE DE RENNES, 59
1901

BIBLIOGRAPHIE

GABRIEL ARDANT. — Le Socialisme contemporain et la propriété (Bloud).

PAUL ALLARD. — Un réveil moral (*Correspondant*, 10 octobre. 1900).

JEAN BOURDEAU. — L'évolution du socialisme (F. ALCAN).

ABBÉ CH. CALIPPE. — Education chrétienne de la démocratie (Bloud).

MAXIME DU CAMP. — Convulsions de Paris. 4 vol. (Hachette).

VICTOR DE CLERCQ. — Les doctrines sociales catholiques en France (Bloud)

G. FONSEGRIVE. — La crise sociale.

— Catholicisme et démocratie (Lecoffre).

ABBÉ GAYRAUD. — Les démocrates chrétiens (Lecoffre).

G. GOYAU. — Autour du catholicisme social.

L. GRÉGOIRE. — Le Pape, les catholiques et la question sociale (Perrin).

ABBÉ GUYOT. — Faut-il une religion ? (BLOUD)

BENOÎT MALON. — Précis du socialisme.

COMTE DE MUN. — Discours (Poussielgue).

ABBÉ NAUDET. — La démocratie et les démocrates chrétiens (Delhomme et Briguet).

CH. PÉRIN. — La Coopération chrétienne (Lecoffre).

— Les Doctrines économistes depuis un siècle (Lecoffre.)

MAX TURMANN. — Le développement du catholicisme social depuis l'Encyclique *Rerum novarum* (F. ALCAN).

OSCAR TESTUT. — L'Internationale.

— L'Internationale au ban de l'Europe. (Lachaud, 1872).

ABBÉ WINTERER. — Le Socialisme contemporain (Lecoffre, 3e éd.).

AVANT-PROPOS

Dans la plupart des pays, les socialistes révolutionnaires affectent une hostilité de plus en plus grande à l'égard du catholicisme. En France cette attitude agressive est très marquée.

Il y avait donc intérêt à rechercher d'où provenait et sur quoi reposait cette antipathie violente. C'est ce qu'a très bien fait M. A. Toussaint : cette étude, menée consciencieusement, scientifiquement, pourra éclairer, et peut-être détromper, les esprits sincères que le collectivisme aurait séduits.

Nous croyons, quant à nous, que le moyen le plus efficace de lutter contre la propagande révolutionnaire consiste à présenter au peuple un programme positif *de réformes sociales. Les ouvriers sont généralement peu touchés des critiques érudites qu'on leur développe à l'endroit des théories collectivistes. Ils ont le sentiment vague, mais profond, que le succès du socialisme serait pour eux le signal du redressement des abus et l'origine d'une ère de bonheur ; aussi n'écoutent-ils que d'une oreille distraite les arguments et objections des économistes libéraux, propres surtout, d'ailleurs, à toucher la classe bourgeoise.*

Les travailleurs seraient autrement ébranlés dans leur foi en la future Révolution, si on venait leur montrer que le catholicisme social poursuit, aussi énergiquement que le collectivisme, la suppression des abus et pourrait assurer le règne de la justice et de la paix.

De plus, il y aurait aussi du piquant à établir devant eux que les socialistes au pouvoir, lorsqu'ils ont voulu faire quelque chose de pratique pour le peuple, ont été obligés d'aller puiser dans les programmes des catholiques sociaux.

C'est, par exemple, le cas de M. Millerand.

Lorsqu'il y a deux ans, le ministre français du commerce a publié ses fameux décrets sur les conditions dans lesquelles on devrait désormais procéder aux adjudications publiques, il n'a fait qu'imiter les gouvernants catholiques belges.

Lorsque, plus récemment, il a organisé les conseils du travail, M. Millerand n'a eu, en quelque sorte, qu'à reprendre les propositions formulées par la Réunion des revues sociales catholiques.

Il ne serait pas impossible de citer d'autres faits analogues, non pas, je me hâte de l'ajouter, que le ministre socialiste ait toujours *appliqué les doctrines des chrétiens sociaux, mais très fréquemment il a été obligé d'adopter leurs conclusions.*

Il y a là une constatation suggestive qui pourrait faire impression sur un auditoire populaire : les socialistes révolutionnaires ne se contentent pas d'attaquer violemment l'Eglise, il leur arrive parfois aussi, lorsqu'ils sont au pouvoir, d'emprunter aux programmes sociaux des catholiques, telle ou telle réforme dont ils se font ensuite gloire devant les travailleurs. C'est là pour eux une nouvelle raison de combattre le catholicisme.

On l'a dit, « le socialisme, c'est du christianisme aigri ». Nos meneurs révolutionnaires s'efforcent de rejeter tout ce qu'il y a inconsciemment de chrétien en eux et ne gardent que l'aigreur.

Nous devons le déplorer et essayer, comme l'a fait M. A. Toussaint, de dissiper de douloureux et dangereux préjugés.

Max Turmann.

COLLECTIVISME ET COMMUNISME
DEVANT LA DOCTRINE CATHOLIQUE

PREMIÈRE PARTIE

L'église, voilà l'ennemi !

Que le *collectivisme et le communisme* soient à l'heure présente animés d'une haine féroce contre l'Eglise catholique, cela ne peut faire l'ombre d'un doute. Cette haine s'est manifestée sous mille formes, trop présentes aux esprits pour qu'il soit utile d'insister. M. Viviani, prenant la parole au nom « de ses amis », a, du haut de la tribune de la Chambre, dénoncé très franchement l'Eglise comme l'ennemie de la société civile ; il a déclaré que « par tous moyens », il fallait la combattre ; qu'il fallait opposer « à cette religion divine qui poétise la souffrance en lui promettant les réparations futures, la religion de l'humanité qui, elle aussi, poétise la souffrance, en lui offrant comme récompense, le bonheur des générations (1) ». « Avant de prendre la parole », nous as- « sure J. Jaurès, Viviani avait soumis les grandes « lignes de son discours au groupe socialiste tout en- « tier (2) ». Le grand dissident, J. Guesde, qui crie :

(1) Discours à la Chambre, 15 janvier 1901.
(2) *Petite République*, 18 janvier 1901.

« Casse cou ! » chaque fois que le socialisme lui paraît s'engager dans une voie fausse, se garde bien cette fois de protester : de la guerre contre l'Eglise, il en est, car, pour lui aussi, « le cléricalisme, voilà l'ennemi » (1). Dans tout le parti, pas une voix discordante ne s'élève ; c'est à qui se signalera par son animosité anti-religieuse.

Est-ce là un phénomène nouveau, une sorte de fièvre éruptive, comme il s'en produit à certaines époques de l'année ? Non, la haine contre l'Eglise fait corps avec le socialisme qui l'a portée dans le sang dès son origine.

Il n'est pas inutile, croyons-nous, de profiter des récents accès anticléricaux du socialisme pour mettre en lumière sa haine impie et lui demander raison de sa conduite. Il faut que l'on sache : — quelles colères implacables il nourrit contre le catholicisme ; — quels sont les véritables motifs de cette haine ; — et s'il a vraiment le droit de le prendre d'aussi haut.

Pour qu'on ne puisse pas nous accuser de parti pris, nous n'avancerons rien qu'avec preuves à l'appui, au risque de fatiguer les lecteurs.

Puis, comme les écoles sociales sont nombreuses et très diverses de formes et de tendances, depuis l'école de Le Play et de M. de Mun, jusqu'à celle de Proudhon, en passant par le socialisme de la chaire allemand, nous tenons à déclarer, pour éviter tout malentendu, que *par socialisme nous entendons ici le collectivisme et le communisme. Cette remarque importante ne devra jamais être oubliée dans la suite* (2).

(1) *Petit Sou*, 23 janvier 1901.

(2) Aussi bien le mot de socialisme tend-il de plus en plus à désigner les groupements *révolutionnaires*. Beaucoup de ceux qui reconnaissent la nécessité de réformes sociales en faveur du peuple, le répudient et le remplacent par le mot *démocratie*.

I

L'INTERNATIONALE

Le collectivisme, et son digne frère le communisme, sont nés de l'athéisme et du matérialisme. C'est un homme qui ne croyait ni à Dieu, ni à l'âme, ni à la vie future ; aux yeux duquel rien n'existait que la matière ; qu'une seule chose intéressait dans l'homme, la vie corporelle, et, dans l'histoire de l'humanité, les progrès économiques et matérialistes, — c'est un homme de ce caractère qui fut le premier théoricien du socialisme dont nous parlons. L'Allemand Karl Marx, fils de Juifs convertis au protestantisme, haïssait toute forme de religion. La religion à ses yeux était « une idée déraisonnable du monde », qu'il appelait « l'opium du peuple. » Il pesa de tout son pouvoir pour faire inscrire dans le programme officiel du parti le devoir de délivrer la conscience de toute tyrannie religieuse. Par tactique on résista à ses désirs, mais tous les coryphées du collectivisme partageaient ses idées.

Son plus cher disciple, Frédéric Engels, n'a pas assez d'admiration pour le matérialisme du maître.

Bébel répète en plein Reichstag le blasphème de Heine : « Nous abandonnons le ciel aux anges et aux moineaux ». « Dans la société de l'avenir, écrit-il, dans son livre de la Femme, la religion tombera d'elle-même. »

Liebknecht, à l'occasion de la mort de Marx, en 1883, célèbre la science, « libératrice de l'humanité »,

« qui nous délivre de Dieu (1). » « Nous avons adopté la doctrine de l'athéisme, dit-il en plein Reichstag... ; nous nous croyons obligés de la propager et de la jeter dans les masses » (octobre 1878). « Notre but sur le terrain politique est la république, sur le terrain économique le socialisme, et sur ce qu'on appelle le terrain religieux, l'athéisme. » (31 décembre 1881).

Ces idées ne sont pas particulières à l'Allemagne. Suivant la parole de Liebknecht, Marx appartient « au prolétariat universel. » (2)

Ecoutons les orateurs les plus en vue. Dès l'origine de l'Internationale, fondée en 1864, ce sont partout les mêmes déclarations antireligieuses.

Au Congrès de Bruxelles (1868), Eugène Dupont, le secrétaire du Conseil général établi à Londres, s'écrie : « Plus de gouvernements, car les gouvernements nous écrasent d'impôts ! Plus d'armées, car les armées nous massacrent ! Plus de religion, car les religions étouffent l'intelligence. » (3)

Au meeting, tenu à Londres le 24 février 1869, en l'honneur de l'anniversaire de la Révolution, Félix Pyat lit une adresse à Grant, président des Etats-Unis, où on lit des phrases telles que celles-ci :

« L'Europe s'affaisse de plus en plus sous son double joug. Malgré réforme et révolution, après trois grands siècles d'efforts, elle n'a pu se délivrer de ses enveloppes caduques, le prêtre et le soldat. ... L'empereur sait à fond cette vérité politique, que le pape est le premier percepteur de servitude humaine ; que le maître spirituel assure le maître temporel ; que tout peuple qui subit le prêtre subit le prince ; que tout peuple, n'importent sol, race et loi, qui ne peut secouer le catholicisme, s'arrête ou décline, reste ou retombe en enfance, s'il n'en meurt pas avant le temps... L'empereur sait que les peuples les plus dominés, les plus annulés sont les plus catholiques, etc. » (1)

(1) *Socialdemokrat*, 22 mars 1883.

(2) *Social demokrat*, 22 mars 1883.

(3) OSCAR TESTUT. — L'*Internationale au ban de l'Europe*, t. I, p. 21.

(4) OSCAR TESTUT. — *Ibid.*, p. 30.

Cette adresse, votée à l'unanimité, reflète les idées « des démocrates de toutes les nations ».

Dans une réunion publique qui eut lieu à Paris rue de Flandre, le 18 avril 1870, à l'occasion du plébiscite, et où furent définitivement adoptés les statuts de la Fédération parisienne, Varlin, qui devait prendre une si triste part à la Commune, s'exprime ainsi : « Nos exploiteurs se sont partagés les rôles. Les uns nous ont promis la justice ultra terrestre... Aujourd'hui tout cela doit changer... Le bon Dieu a fait son temps. En voilà assez... » (1)

A propos de la déclaration de guerre, Albert Richard, une des lumières de l'Internatiolisme, écrit dans l'Egalité : « On sait que ce prétendu *intérêt national*, au nom duquel se font toutes les guerres, n'existe que pour une infime minorité de tyrans et d'exploiteurs, qui, à l'aide de la centralisation politique, réussissent à inoculer aux peuples leurs idées malsaines, comme la puissante *organisation théocratique* réussit à entraver de ses *dogmes* et de ses *superstitions* la marche progressive de l'humanité. On sait... que la double tyrannie *morale* et matérielle, *théocratique* et politique, est la consécration nécessaire, la garantie naturelle et indispensable de l'organisation sociale actuelle » (2).

Puisque l'athéisme est une profession de foi universelle dans l'Internationale, on pourrait s'étonner de ne pas le voir affiché hautement dans les programmes du parti. Mais les socialistes sont gens prudents. On fait certaines concessions à l'opinion publique et l'on va même, malgré les protestations de Marx et de plusieurs délégués, jusqu'à déclarer dans les programmes d'Erfurt et de Halle que la religion est « une chose privée ». On a ainsi l'air d'admettre qu'un socialiste bon teint pourrait parfaitement être socialiste et religieux en même temps. Les déclarations bruyantes et unanimes que nous avons rappelées, suffiraient pour nous convaincre que cette apparente liberté de conscience n'est que de la poudre

(1) Oscar Testut. — *Ibid.*, p 69.
(2) *Ibid.*, p. 187.

aux yeux, à l'adresse des gens du dehors et de ceux qui pourraient venir au socialisme. Quant à ceux du dedans, on leur fait comprendre que cette modération est une pure affaire de tactique. On les calme, dans un Commentaire officieux du programme d'Erfurt, rédigé par Karl Kautsky et Bruno Schœnlank, en les assurant, que « l'arrêt de mort sera prononcé contre la religion, le jour où les conditions historiques de son existence seront détruites », c'est-à-dire à l'avènement du règne socialiste.

C'est l'idée exprimée par G. Deville dans sa traduction du *Capital* : « La religion n'est que le reflet des forces sociales... ; le despote terrestre, le capitaliste, entraînera dans sa chute le croquemitaine céleste ».

II

LE SOCIALISME CONTEMPORAIN

Dans des temps plus proches de nous, le socialisme paraît vivifié par un souffle nouveau. On repousse le matérialisme de Karl Marx qui se résumait dans « l'intérêt du ventre » ; on lui infuse une sorte de sève idéaliste. Cependant le socialisme actuel en est-il moins matérialiste et antireligieux ?

Dans son *Précis du Socialisme*, B. Malon affirme que « la pensée socialiste s'intégralisera », parce que « il est certain que, pas plus que la vertu n'est dans les extrêmes..., la vérité n'est dans les systématisations exclusives » (p. 145)... « Les disciples de Marx, ajoute-t-il, disent aux prolétaires militants : « Laissez là vos inspirations humanitaires... Vous ne devez pas avoir d'autres mobiles que vos intérêts de classe... » Dans ce raisonnement, dit Malon, « la question sociale est rétrécie. L'iniquité économique est la plus criante, mais elle n'est pas la seule... Le socialisme doit attaquer tous les maux sociaux et moraux... il doit se plonger dans la douleur universelle... » (p. 149). « Ne repoussons pas, continue B. Malon, ce qu'il y a de plus incompréhensible et de meilleur dans l'âme humaine : le *sentimentalisme*... Faisons-en notre soldat, car il est la force révolutionnaire la plus irrésistible... Ainsi le socialisme, devenu *question humaine* de question purement économique qu'il semblait être, verra s'accroître rapidement ses effectifs et, par suite, ses éléments de victoire. » (p. 152). —

Emporté par sa nouvelle conception, B. Malon donne du socialisme la définition suivante : « Le socialisme, c'est l'Humanité en marche vers une civilisation supérieure et portant, dans les vastes plis de son manteau constellé, en même temps que toutes les espérances de libération et de justice des opprimés et des exploités, toutes les hautes aspirations mentales, sentimentales et esthétiques de l'âme humaine. » (p. 177)

C'est éloquent, emballé, quelque peu déclamatoire, mais le sentiment n'est-il pas généreux et d'une belle venue ?

La pensée de B. Malon est bien aussi celle de Jaurès pour lequel, « dans les replis profonds du socialisme, survit le souffle allemand de l'idéalisme » (*Origine du socialisme allemand*, thèse en Sorbonne, 1892), celle de Rouanet, qui écrit dans la *Revue socialiste* du 15 décembre 1887 : « Le dévouement, l'esprit d'abnégation et de sacrifice, les hautes vertus morales, facteurs indéniables du progrès humain que le socialisme est appelé à faire entrer dans un cycle nouveau, telle est donc la lacune du socialisme marxiste contemporain. »

Malgré les belles paroles que nous venons d'entendre, B. Malon n'hésite pas à écrire que « le matérialisme (philosophique et économique) constitue actuellement la philosophie dominante du socialisme » (p. 145).

G. Renard, dans ses *Etudes sur la France contemporaine*, 1887, précise la pensée de B. Malon : « Ils (les rédacteurs de la revue socialiste) corrigent et relèvent le matérialisme par trop terre à terre des disciples de Karl Marx. *Ils se proclament eux-mêmes matérialistes*, en ce sens qu'ils n'admettent pas dans l'homme la coexistence de deux substances différentes, l'âme et le corps ; qu'ils ne comptent pas sur le lendemain de la vie pour compenser les iniquités du monde actuel ; qu'ils n'attendent pas de quelque puissance supérieure un paradis terrestre ou céleste. Mais ils ajoutent que les soucis *matériels* ne sont pas les seuls moteurs de notre conduite et que, pour ne pas tomber sous le témoignage direct des sens, l'*idée* et le *sentiment* n'en sont pas moins des forces impossibles à négliger... Ils osent donc faire briller de nouveau devant les yeux de la foule un *idéal de justice* qui puisse l'attirer et la guider... cet idéal n'a *rien de surnaturel, ni de divin*, c'est un foyer de lumière *purement humain...* »

Ainsi, après tant de beaux développements, nous en sommes toujours à l'athéisme et au matérialisme ; pas d'âme, de Dieu, de vie future. On parle de religion, mais il importe de s'entendre : il s'agit d'un « idéal de justice » *purement humain.*

Toute religion véritable est, comme par le passé, proscrite et honnie.

Dans l'hallali universel du matérialisme socialiste, nous n'avons trouvé qu'une voix discordante, et le fait est tellement singulier qu'il vaut la peine d'être noté. Oh ! ne nous attendons pas à une déclaration hardie, précise ; les paroles sont verbeuses et empâtées ; la pensée est hésitante, noyée dans le vague de la phrase. Du reste, c'est J. Jaurès qui parle sur la tombe de son ami Sautumier. Sa timidité ne va-t-elle paraître bien audacieuse, au milieu de l'apparat d'un enterrement civil ? Nous ne nous arrêterons pas, même un instant, quelque sollicités que nous soyons par cette tragique épreuve, à scruter *l'énigme de la vie et de la mort.* Pour moi, personnellement, je crois d'une foi profonde, que la vie humaine a un sens, que l'univers est un tout, que toutes ses forces, tous ses éléments conspirent à une œuvre totale et que la vie de l'homme ne peut être isolée de l'infini où elle se meut et où elle tend. Je ne pense pas, suivant la grande image du poète anglais, que la vie humaine soit comme un arbre qui grandit dans la nuit, et dont le hasard *et la mort*, rôdeurs nocturnes, cueillent les fruits. Mais c'est à l'humanité affranchie, à l'humanité réconciliée avec elle-même que nous laissons le soin d'interroger l'univers. Elle se complaira tout entière en ces hauts problèmes, et sans doute dans l'élan de sa course victorieuse vers la justice elle atteindra des vérités inconnues. Mais, même devant le cercueil d'un compagnon aimé, nous ne chercherons pas *le secret profond de la vie* tant que tous les salariés, tous les écrasés ne pourront pas le chercher librement avec nous. Nous ne voulons pas dissiper en des rêves hautains ou vagues, sur l'univers et la destinée, notre énergie de combat (1).

Il semble bien que dans cette philosophie si nuageuse, pareille à une buée légère qui se dissipe au moment où elle se forme, apparaisse l'espérance de l'immortalité et de la vie future. C'est le Jaurès de l'eau du Jourdain qui parle, ce Jaurès pour lequel, au plus profond des replis du socialisme, « survit le souffle allemand de l'idéalisme ». Ne nous imaginons pas pour cela que J. Jaurès soit moins anti-calotin, que « ses compagnons ». Il l'est au moins par tactique. Jaurès est l'homme tactique. En attendant que « l'humanité soit réconciliée avec elle-même », que « tous les écrasés puissent chercher » avec lui, il est athée : « Les socialistes s'affirment et se croient matérialistes, pour la facilité de leur démonstration, afin que cette terre, délivrée cependant de tous les fantômes de la superstition, apparût sous une lumière dure et crue, d'autant plus hérissée de rudes misères. » (2)

L'intensité de la haine socialiste contre le catholicisme se trahissait déjà dans le ton des déclamations doctrinales. Elle se manifeste peut-être mieux encore dans les actes.

La presse socialiste ne garde aucune mesure. Ici, il n'est plus question de polémique loyale. Tout moyen d'attaquer l'Eglise, de la noircir, de la rendre odieuse, de la ridiculiser, est regardé comme bon. On ne s'arrête ni devant les insinuations les plus perfides, ni même devant la calomnie. Ce qui, à un titre ou à autre, se dit organe socialiste : *Petite République*, *Lanterne*, *Aurore*, *Petit Sou*, sans parler d'une infinité de brochures de combat, ne cesse de manger du prêtre ou de l'Eglise à bouche que veux-tu. C'est à qui l'emportera dans cette charge à fond furieuse, où souvent la mauvaise foi le dispute à la sottise.

Tantôt on s'en prend aux prêtres, ramassis de

(1) *Petite République*, 17 novembre 1896.
(2) Thèse de Sorbonne, déjà citée.

« rachitiques », de « scrofuleux », de « ratés », dont « le niveau intellectuel, physique et moral est devenu pitoyable ». Les dévotes, à leur grand désespoir, ne trouvent plus en eux que « des confesseurs inconscients, imbéciles ou détraqués ». « Les frocards sont des imbéciles. » (1)

Ailleurs, on s'emporte contre les doctrines de l'Eglise. « Tous les crimes et tous les vices sont justifiés, sinon glorifiés par les bandits ensoutanés. » Dans leurs « livres infâmes, l'hypocrisie, le mensonge, la restriction mentale sont présentés comme des procédés de moralisation (2) ». N'est-ce pas du plus haut comique de voir des socialistes, partisans du vol, des boucheries révolutionnaires et de l'amour libre, entrer dans une fureur noire en face des théories de la restriction mentale qu'ils n'ont jamais voulu comprendre ?

Ne prétendez pas que Dieu est « l'auteur du monde et le père des hommes » ; que nous devons les « vénérer et « l'aimer ». « C'est un langage intolérable, dans le siècle de progrès et de science où nous sommes... N'est-ce pas dire aux enfants qu'ils ne doivent rien à leur père et à leur mère, mais tout à Dieu ?... Que si Dieu est le père des hommes, il aurait bien dû ne pas créer des êtres aussi malfaisants : Attila, Bonaparte, de Moltke, Bismark... Il n'y a pas à respecter son nom, ni même à le prononcer, si ce n'est dans de ces « sacré N. de D. » qui expriment la colère et la révolte ». (3) La plupart des productions socialistes ont cette envergure philosophique ! Des raisonnements à faire hausser les épaules avec accompagnement de blasphèmes !

Ailleurs, ce sont des railleries et du persiflage au sujet des coutumes religieuses. La passion aveugle à ce point qu'on ne s'arrête même pas devant le ridicule et l'inconvenant. On gouaille à propos de la visite aux cimetières faite le jour des morts, de cet hommage pieux né de ce qu'il y a de plus tendre et de

(1) H. TUROT. — *Petite République*, 2 octobre 1896.
(2) H. TUROT. — *Petite République*, 25 janvier 1901.
(3) J. B^te^ CLÉMENT. — *Petite République*, 3 octobre 1900.

plus douloureux dans l'âme humaine. Les morts, écrit-on, « auraient tort de se plaindre... La routine pleurnicharde, décorée par les pompiers sentimentaux du titre de tradition vénérable, exige des attendrissements annuels... Pourquoi des couronnes de perles ?... Pourquoi ces processions votives, ces stations de saules pleureurs ?... Coutume des vieux âges superstitieux et asservis ! » (1)

Nous pourrions multiplier les citations de ce genre, mais on doit le respect à sa plume et à ses lecteurs. Les mêmes sentiments se traduisent sous d'autres formes tout aussi suggestives. La haine anti-religieuse n'est pas restée dans les sphères théoriques. A tout instant, on peut pour ainsi dire la toucher du doigt, car elle vit dans les masses enregimentées sous les drapeaux collectiviste et communiste, à l'état de force aveugle et grondante. Pour s'en convaincre, le prêtre n'a qu'à gagner ces quartiers, ces coins de banlieue, qui sont les bourgs pourris du socialisme. Tout l'instruira, depuis les réflexions gouailleuses ou ordurières des hommes et des femmes, jusqu'à l'impudence précoce de ces groupes d'enfants qui abandonnent leurs jeux pour crier : « A bas la calotte ! » quand ils ne vont pas jusqu'à ramasser des pierres. Tout ce qui touche à l'Eglise est devenu insupportable. La vue de la soutane produit l'effet d'un lambeau d'étoffe rouge sur les taureaux. On démolit des croix de mission ; on pénètre dans les églises en chantant la *Carmagnole*.

Ainsi, du haut en bas du parti socialiste, pour les penseurs comme pour les simples enrôlés, depuis Karl Marx jusqu'à l'heure actuelle, l'Eglise est l'ennemi née et héréditaire. On la déteste, non pas d'une haine quelconque, mais d'une haine violente et implacable. Nous ne l'affirmons pas de parti pris, car ce n'est pas nous qui essaierons d'établir une barrière entre l'Eglise et une portion quelconque de l'humanité, mais il fallait bien constater un fait évident. Bien naïfs seraient ceux qui, mûs par des sentiments généreux, pourraient rêver un rapproche-

(1) GÉRAULT-RICHARD. — *Petite République*, 3 novembre 1899.

ment entre le catholicisme et le socialisme dont nous parlons. Cela n'est pas plus possible que de rapprocher Dieu et Satan.

On objectera, qu'en se plaçant au point de vue théorique, on ne voit pas l'irréductibilité de cet antagonisme ; que certains socialistes ne refusent pas de reconnaître que dans leur parti la religion pourrait être admise comme « chose privée ». La réponse sera donnée dans la seconde partie de ce travail.

DEUXIÈME PARTIE

Pourquoi?

Pourquoi, chez les socialistes, un tel acharnement contre l'Eglise?

Et l'Eglise mérite-t-elle vraiment tant de colères?

Parmi les raisons apportées par les socialistes pour justifier leur débordement de fureur, il importe d'établir une distinction. Les unes ne sont que des à-côté, vieille ferraille ramassée dans le bric à brac accoutumé des impies et des loges maçonniques : on s'en empare parce que, dans une polémique passionnée, on fait flèche de tout bois. Celles qui tiennent au cœur même du système ne sont pas toujours avouées. On se rejette plus volontiers sur les premières qui se prêtent davantage aux déclamations, impressionnent aisément la foule, offrent un aspect moins patibulaire.

Arrêtons-nous d'abord aux prétextes.

I

EST-CE AU NOM DE LA LIBERTÉ ?

On présente en premier lieu l'Eglise comme une religion d'esclavage, *ennemie de la liberté*. Le socialisme ne tend pas seulement à l'affranchissement économique des salariés, qui se réalisera avec la disparition du régime capitaliste. Ainsi que l'exprime B. Malon, il doit « se plonger dans la douleur universelle », et porter « dans les vastes plis de son manteau constellé, toutes les espérances de libération et de justice des opprimés et des exploités. » Il ne sera satisfait que le jour où, tous les jougs ayant été brisés, il sera parvenu à « l'affranchissement intégral du prolétariat. »

Or, l'Eglise, avec son insupportable bagage de vérités révélées, avec sa puissante influence théocratique qui, du haut en bas de l'échelle sociale, opprime les consciences, n'est-elle pas un des pires tyrans de l'humanité ? J. Jaurès s'indigne « contre les exploiteurs hypocrites qui agenouillent les ouvriers sous la double discipline du dogme et du capital » ; Eug. Dupont s'écrie : « Plus de religion, car les religions étouffent l'intelligence » ; A. Richard dénonce cette organisation théocratique qui « entrave de ses dogmes et de ses superstitions la marche progressive de l'humanité » ; Gérault-Richard fulmine contre « les coutumes des vieux âges superstitieux et asservis. » Etc., etc.

Cette phraséologie redondante n'est pas nouvelle. Elle nous vient en droite ligne des soi-disant philosophes du XVIIIe siècle et plus spécialement de

J.-J. Rousseau. Le déclassé de Genève avait trouvé mauvais un ordre social où son orgueilleuse susceptibilité avait été exaspérée par tant de froissements ; il jugeait détestables des lois morales qui condamnaient ses passions, son concubinage avec Thérèse Levasseur, l'indigne abandon de ses enfants placés aux Enfants trouvés. De là ses déclamations contre les lettres, les sciences et les arts, fleurs jetées sur les chaînes qui étreignent l'humanité ; de là ses protestations contre ce qu'il appelait les conventions sociales. L'état parfait était l'état primitif où l'homme, dégagé de toute entrave, pouvait s'abandonner à ses aspirations naturellement bonnes et suivre ses passions, d'ailleurs irrésistibles.

Tout le XIXe siècle a vécu de ces théories maladives. Il en a saturé son théâtre, ses romans, toute sa littérature, où l'on a proclamé sur tous les tons la sainteté de la passion. Il a semé dans les âmes ces instincts de liberté excessive, ces tendances vers un individualisme outré, dont sont remplies nos générations.

Les revendications cependant avaient été rarement radicales. Il était réservé au parti qui ferait peser, s'il arrivait jamais à ses fins, la plus insupportable tyrannie sur les épaules de l'humanité, de parler d'affranchissement « intégral ». Il rêve d'abattre tous les jougs : joug des despotes terrestres, joug des patrons, joug de la religion, afin que l'individu, écrasé par tant d'oppressions, puisse enfin se redresser et respirer à pleins poumons l'air vivifiant de la liberté.

Logiquement, ces prétentions aboutissent à l'anarchie, dont la devise est : « Ni Dieu, ni maître ! » à la Commune « amorphe », sans organisation et sans chefs, qui serait l'idéal des groupements humains. Lorsqu'on prend de la liberté, on n'en saurait trop prendre. Par une déduction fatale, le socialisme aboutit aux théories anarchistes ; il est le frère jumeau des systèmes de Bakounine et de Ravachol. Les anarchistes ne sont que des socialistes qui ont conduit leurs principes jusqu'à leurs dernières conséquences ; les socialistes sont des anarchistes arrêtés à mi-chemin. Aussi n'est-il pas surprenant qu'au cours de l'histoire, à l'heure des agitations révolutionnaires, les deux fractions se soient rapprochées si facilement, comme attirées l'une vers l'autre par une force d'aimantatation instinctive.

Cependant est-ce bien à l'homme, si borné et si dominé de toutes parts, à revendiquer ce qu'il appelle dans un style hautain un « affranchissement intégral » ? Comment peut-il, lui, si enserré par la fatalité, parler sans rire d'une ère de liberté parfaite ?

Il rêve de s'affranchir ! Mais la nature tout entière l'étreint dans le réseau de ses lois brutales. Il voudrait rester éternellement jeune : les années l'entraînent dans leur course folle et le précipitent vers la vieillesse. Il voudrait sentir dans ses veines la plénitude de la vie : des souffrances l'étiolent, le minent, l'accablent. Il se heurte aux hommes et aux choses. Les contre-temps, les misères, les infortunes s'abattent autour de lui, pareils à des bandes d'oiseaux noirs. Et lorsqu'il voudrait reprendre haleine sur le bord de l'âpre sentier du travail, la faim, la nudité, ses besoins et ceux des siens, l'aiguillonnent et le harcèlent. L'homme est à la merci de toutes les lois de la nature et, quoiqu'il se révolte, il n'empêchera pas la réalisation de la plus petite d'entre elles.

Au-dessus de l'ordre physique et matériel, la même sujétion règne. L'exercice des sens est soumis à mille vicissitudes ; l'intelligence bornée ou paresseuse n'arrive pas jusqu'aux hauteurs de l'insaisissable vérité ; la liberté se débat misérablement sous les passions. Dans le monde social, l'enfant est sous l'autorité de ses parents ; le citoyen sous celle des maîtres qui le gouvernent. Qu'importe que ces maîtres soient des élus du peuple ou des rois, puisque, enfin du compte, tous deux commandent les mêmes choses et imposent leurs volontés !

Au milieu de cette universelle domination, trouvera-t-on du moins un refuge dans son libre arbitre :

« Moi, dis-je, et c'est assez ? »

Le libre arbitre, lui aussi, a son tyran : la conscience. Je n'ai pas le droit de broyer avec un marteau la tête de cet enfant qui dort dans son berceau. Je ne puis davantage incendier la maison de mon voisin, étendre à mes pieds le passant que je rencontre dans la rue. A moins d'être un monstre ou un fou, tout homme doit reconnaître l'autorité de la loi morale, autorité plus sacrée que celle des lois physiques. Celui même qui la transgresse, lui rend hommage par ses remords et la révère comme la majesté la plus auguste du monde.

Ainsi, de quelque côté qu'il se tourne, l'homme trouve autour de lui des maîtres impérieux. Il songeait à se proclamer indépendant, à se faire Dieu, et voilà que tout : nature, ordre social, conscience, lui réplique par une immense moquerie. Il lui sied vraiment bien de parler « d'affranchissement intégral », et de réclamer au nom de cet affranchissement la disparition de ce qu'il appelle la tyrannie du dogme et de l'Eglise. Mettons que son vœu s'accomplisse, que l'Eglise disparaisse, il lui restera tant de maîtres que, pour en avoir un de moins, il n'en sera guère plus libre.

Ou plutôt, il n'aura échappé à aucun maître, il ne s'en trouvera que plus désemparé. Car l'Eglise n'est pas autre chose que la loi morale, à laquelle aucune conscience ne peut se soustraire : elle est la loi morale incarnée, vivante. La loi morale a besoin d'être précisée. L'honnête homme veut avoir dans la pratique de la vie une règle souple et toute prête, qu'il puisse appliquer à chacun de ses actes. Cette règle, il ne peut pas, la plupart du temps, se la donner lui-même, soit parce que son intelligence est trop courte, soit parce que le temps ou l'énergie lui manquent. La demandera-t-il à un autre homme, à un sage ? A supposer que ce sage se rencontre, il n'échappera pas au dogme, et celui-ci ne sera qu'un dogme humain. Dogme pour dogme, celui de l'Eglise en vaut bien un autre. Avec ses dix-neuf siècles d'existence, l'autorité de son fondateur et des générations qui l'ont écoutée, l'Eglise apporte aux foules, avides d'honnêteté, une règle de vie qui dissipe les doutes. Et c'est lorsqu'elle présente au monde le flambeau qui éclaire sa route et dont il ne peut se passer ; c'est au moment où la raison humaine se perd dans « un tintamarre de cervelles » tel qu'on en avait rarement vu de semblable, qu'on se met à la maudire ! Le dogme n'est pas une tyrannie ; il est une lumière et un guide. Qu'il disparaisse, et les consciences, plongées dans les ténèbres du doute, en seront réduites à ramper à tâtons pour trouver leur voie. Au lieu d'avoir affranchi l'humanité, on l'aura dupée et rendue plus malheureuse.

C'est ainsi que les fameuses tirades sur la liberté, au nom desquelles on proscrit le dogme, ne sont que des déclamations vaines, qui sonnent creux sitôt qu'on les frappe pour savoir ce qu'elles contiennent. Elles émeuvent les masses dont la tête tourne sitôt qu'on évoque devant leurs yeux le fantôme de la liberté ; mais elles ne résistent pas au moindre examen de la raison.

Aussi bien n'est-ce pas dans un véritable amour de la liberté qu'il faut chercher la raison des attaques contre le dogme. Si l'on veut remonter jusqu'aux causes profondes, cette raison se trouve dans l'impatience qu'éprouve l'homme en face de toute contrainte et de toute réprimande. La loi morale de l'Eglise est trop claire, elle s'impose avec trop de force. Parce qu'elle gourmande les passions et les mauvais instincts avec trop d'autorité, on cherche à l'écarter, comme une lumière vive qui ferait mal aux yeux. Il ne faut pas chercher ailleurs le motif de cette antipathie qu'elle provoque dans un si grand nombre de consciences.

II

EST-CE AU NOM DE LA SCIENCE ?

Une autre objection se dresse et, celle-là, les socialistes en usent et en abusent à qui mieux mieux. *La Science* a fait litière du dogme. A notre époque, il n'est plus permis, sans se dénoncer immédiatement comme un crétin, d'ajouter la moindre créance au dogme catholique, bon pour les époques moyennageuses de l'ignorance et de la barbarie. La raison, illuminée par la science, doit briser ses lisières et ne plus reconnaître d'autre guide qu'elle-même.

On comprend toutes les variations que l'on peut exécuter sur un pareil thème ; et tous les airs de turlutaine qu'il est capable d'inspirer. La logomachie grandiloquente réapparaît. Dans les rangs socialistes, on n'entend plus parler que « d'idéal de pensée libre » (Viviani) ; « de pensée républicaine (on se demande ce que la république peut bien avoir à faire ici) et rigoureusement laïque» (J. Jaurès). Pour Marx, la religion est une « idée déraisonnable ». « La science naturelle nous délivre de Dieu », proclame Liebknecht. H. Turot ne cherche pas tant de périphrases : « Les frocards sont des imbéciles ; leur niveau intellectuel est pitoyable » ; ils déforment systématiquement « le cerveau populaire », ajoute Jaurès.

N'est-ce pas effrayant ?

L'incompatibilité entre l'Eglise et la science est encore une de ces chères balivernes qui provoquent une douce gaîté chez ceux qui veulent se donner la peine de réfléchir.

La science a fait au XIXe siècle des découvertes incomparables. Elle a pu arracher à la nature ses secrets les plus précieux et s'en servir pour étonner la terre par ses inventions. Il était naturel que l'esprit humain s'en grisât. Parce qu'elle avait appris quelque chose, on se persuada qu'elle pouvait tout apprendre. Celle qui avait créé les chemins de fer, le télégraphe, le téléphone, les locomotives électriques, saurait bien aussi fabriquer une religion et une règle de morale. On pouvait dès lors se passer du reste et, tout particulièrement, de cette insupportable Eglise, qui prétend encore à un droit de cité.

Il n'est pas dificile de se convaincre que ce sont là d'ambitieuses chimères. La science, qui vit de faits et de constatations, ne peut dépasser *ce qui est*. Ce qui *doit* être et ce qui échappe au sens, est à jamais hors de ses prises. A supposer qu'elle continue sa marche ascendante, elle n'en arrivera jamais qu'à connaître mieux la structure des êtres, la nature des agents physiques, les lois qui gouvernent la marche de l'univers. Elle saura mieux ce qu'elle sait déjà ; elle remplacera ses inventions par d'autres et c'est tout.

Eh bien ! de cette science qui est la vraie et la seule, l'Eglise n'a rien à craindre.

L'Eglise aime la science et sa curiosité scientifique est aiguillonnée par le plus haut mobile qui puisse agir sur les intelligences. Elle voit dans la nature l'œuvre et l'image du Créateur ; n'ayant d'autre moyen pour s'élever à l'Auteur invisible des choses que le spectacle du monde visible, elle contemple et scrute avec admiration les cieux et la terre, cherchant à épeler les caractères divins imprimés sur toutes les pages de l'univers. Au lieu d'éteindre l'amour de la science, la foi chrétienne le vivifie et l'ennoblit, puisque, pour le croyant, la science est un moyen de connaître et d'aimer Dieu. Il ne faut donc pas s'étonner si l'Eglise, jusqu'à notre siècle, a toujours été à la tête du mouvement scientifique.

Cependant la science n'aurait-elle rien établi qui soit en opposition avec la foi ? N'aurait-elle pas trouvé en quelque point le dogme en défaut ? Comment cela aurait-il pu se produire, puisque Dieu, l'âme, la vie future, les lois morales, tout l'ordre surnaturel, ne sont pas du ressort de la science ? En quoi l'invention du téléphone ou d'une machine électrique serait-elle une menace pour le dogme ? En quoi la découverte de la cellule humaine et de son contenu fait-elle échec à la théologie dogmatique ou morale ? Le théologien ne redoute ni la chimie, ni la biologie.

Enfin, s'il y avait entre la science et le dogme l'antagonisme dont on parle tant, pourquoi verrait-on la science cultivée avec tant d'ardeur par l'Eglise ? C'est vite fait de traiter les frocards d'imbéciles, mais il n'apparaît pas qu'ils soient plus ignorants que d'autres. Le socialisme prétendrait-il posséder le monopole de la science ? Ce n'est pas à nous que viendra l'idée de décerner à nos adversaires un brevet de sottise. Nous ne faisons aucune difficulté de reconnaître que le parti révolutionnaire compte des personnalités remarquables. Nous nous inclinons devant le talent oratoire du normalien J. Jaurès, devant les connaissances juridiques de M. Viviani, devant l'intelligence méditative et rêveuse du citoyen Fournière. Cependant, on peut sans présomption affirmer qu'au point de vue scientifique l'Eglise est capable de soutenir la comparaison avec les socialistes.

Autant que les hommes de la pensée laïque, les partisans du dogme ont étudié et cherché. Ils l'ont fait probablement plus que nombre d'écrivains en mal d'articles de journaux qui, sur un ton tranchant et dédaigneux — le ton des demi-savants — décochent l'épithète d'ignorants à l'adresse de ceux qui n'ont pas l'esprit façonné à l'image du leur. Le procédé est commode et fort peu scientifique.

Quelle est la branche des sciences qui n'ait pas été étudiée par les « ensoutanés » ? Les « frocards », comme les autres, aussi brillamment que les autres, ont subi les épreuves des examens universitaires. Ils ont préparé les programmes communs à tous les Français. Bon nombre d'entre eux sont devenus licenciés et docteurs, voire agrégés. Que leur manque-t-il ? L'Université, l'*Alma mater*, a couronné de ses lauriers leur savoir. Les collèges libres soutiennent avec honneur la concurrence avec les établissements de l'enseignement neutre. De part et d'autre, les maîtres s'estiment et se valent. Il serait facile d'établir une longue liste de personnalités éminentes qui se sont distinguées dans tous les domaines de la pensée.

Que le socialisme mette donc en face de ces armées de chercheurs, de travailleurs, de savants, des armées égales, prises dans ses rangs. Alors, quand il aura établi qu'il a de son côté la majorité et le génie, on pourra lui reconnaître le droit de traiter de haut ceux qui ne pensent pas à sa manière. En attendant, il ferait peut-être bien de garder une certaine modestie.

Nous voici donc en présence d'un fait qui ne manque pas de piquant. Les catholiques, que l'on proscrit au nom de la science, possèdent autant de science que qui que ce soit. Tandis que les uns — ceux qui ne connaissent le catholicisme que par ouï-dire, ou peut-être pas du tout — le condamnent à la disparition au nom des conquêtes scientifiques, les autres, — ceux qui croient et qui ont raisonné leur foi — s'assimilent ces conquêtes et concourent pour leur part à les accroître. Cela ne prouve-t-il pas qu'entre la science et le dogme il ne se trouve aucune opposition, que tous deux peuvent vivre côte à côte et se prêter un mutuel appui? Bien loin de détruire le dogme, la science y conduit; le dogme repose sur des bases essentiellement scientifiques. Seuls des esprits prévenus ou mal éclairés peuvent l'ignorer.

Ce n'est pas ici le lieu de le montrer, mais ce qu'il convient de faire ressortir, c'est l'impossibilité où se trouve l'humanité de se passer du dogme.

Est-il vrai que la science suffise au monde? Est-il vrai qu'elle puisse répondre, soit par l'affirmative, soit par la négative, aux questions impérieuses que l'homme se pose sur sa destinée? Est-il vrai qu'elle serve à rendre meilleur et puisse établir la loi du bien et du mal? Nous avons déjà dit que ces problèmes étaient au-delà de sa sphère. L'âme humaine et Dieu ne tombent ni sous le scalpel, ni sous la loupe.

Quant à la vie morale, il y a longtemps que l'on a proclamé « la faillite de la science ». Il y a longtemps que l'on a reconnu la vanité de ces essais de « Morale indépendante », tentés avec tant de confiance dans la génération qui nous a précédés.

Aucun siècle n'a été plus savant que le nôtre, s'est-il fait remarquer par une moralité plus grande ? Suivant la doctrine chère à l'esprit laïque, on a chargé de science les programmes d'étude. Instruisons les masses, répétait-on, c'est le vrai moyen de les moraliser. Les vertus du peuple s'élèveront avec le niveau de la sciencc. En même temps, on décrochait des murs le Crucifix et l'on proscrivait la grande moralisatrice, l'Eglise. Eh bien ! l'expérience est suffisamment concluante : nos jeunes générations ne valent pas mieux que celles qui les ont précédées et qui savaient moins de chimie, de physique et de biologie. D'aucuns même soutiennent, — mais ce sont peut-être ces vieillards maussades d'Horace, entichés de l'époque de leur jeunesse, — que, loin de s'améliorer, les mœurs se relâchent d'une manière inquiétante. Et pourtant, si la science porte en elle une vertu moralisatrice, un tel résultat reste inexplicable. Ou bien elle rend meilleur, et là où elle grandit, la vertu doit être mieux pratiquée ; ou bien les mœurs ne suivent pas ses progrès, et alors qu'on ne vienne pas nous ressasser les oreilles de dithyrambes sur son efficacité moralisatrice.

La vérité est que, depuis qu'on a systématiquement écarté les lumières du dogme, on a remarqué de toutes parts un émiettement funeste des esprits. La raison humaine, abandonnée à elle-même, n'a plus su où se prendre dans le vaste conflit des systèmes. Egarée dans des subtilités sans fin ou dans des conceptions établies sur le sable, découragée, désillusionnée, elle a glissé dans le vide du scepticisme. Elle se sent écrasée sous des efforts de critique et de dialectique dignes de l'époque alexandrine, et ne sait plus qui elle doit entendre : Leibniz ou Spinoza, Kant ou Hume. « La vérité est insaisissable, dit-elle ; il n'y a pas de vérité. » Cet état d'âme est bien celui du siècle où nous sommes. Les principes s'en vont à vau-l'eau, et, avec le doute, il ne reste plus que des affaissements et des trahisons de la volonté.

B. Malon n'est pas aussi embarrassé que les philosophes pour remédier à cette anarchie intellectuelle. Il a pour les consciences une morale toute prête. A ses yeux, A. Comte en a posé la maxime fondamentale quand il recommandait « d'aimer pour penser, de penser pour agir et de vivre pour autrui (1) ».

« L'altruisme, continue Malon, est ainsi l'inspirateur supérieur des actions humaines et il n'est nul besoin de périlleuses affirmations mystiques ni d'abstrus concepts métaphysiques pour s'inspirer des principes suivants, d'aussi facile compréhension que d'universelle efficacité :

« Dans les relations sociales, la justice et la solidarité ; dans les actions individuelles, la sincérité et la bonté ; dans les relations avec tous les êtres, animaux compris, la modération et la pitié. »

D'abord, quoiqu'en dise B. Malon, il n'apparaît pas que ce résumé de morale soit « d'aussi facile compréhension que d'universelle efficacité ». Que les commandements de Dieu sont autrement clairs et précis ! Le vol est-il interdit par la morale de B. Malon ? Alors que devient l'expropriation capitaliste ? Le meurtre de son semblable est-il défendu ? Alors que penser de la révolution sociale qui ne pourra guère s'accomplir sans une guerre fratricide ? Où sont les devoirs envers soi-même et envers Dieu, qui cependant ont bien leur importance ?

Il y a plus. B. Malon se range du côté de Comte. C'est son droit. Mais il n'empêchera pas les autres de tenir A. Comte pour le plus piètre métaphysicien du XIXe siècle. Il est fort à craindre que les tentatives de B. Malon pour établir l'unanimité dans les esprits, ne soient pas couronnées de succès. En face des partisans de l'altruisme se rencontreront toujours, même dans le « troisième stade de l'évolution », qui est le stade du règne socialiste, des partisans de l'égoïsme utilitaire.

(1) *Précis du socialisme*, p. 181.

Puisqu'il faut opter pour une morale, au lieu de prendre au hasard n'importe laquelle, fut-ce la plus obscure, pourquoi ne pas se décider pour la morale du christianisme, qui, elle du moins, a l'avantage d'avoir été pratiquée par des centaines de générations et d'avoir, pendant dix-neuf siècles, créé d'admirables vertus? Bien mieux que l'altruisme de Comte, elle ordonne l'amour du prochain : « Aimez-vous les uns les autres comme je vous ai aimés », c'est-à-dire jusqu'au sacrifice de la vie. Mais ce précepte ne vaut rien : il vient de l'Eglise. C'était beaucoup mieux de prendre à A. Comte cette formule sèche et raide : « Aime ton prochain. » L'histoire est remplie d'ironies de ce genre.

En résumé, puisque la science ne peut suffire au monde, puisqu'il est indispensable de courir à la guérison des maux dont souffre notre époque, le mieux n'est-il pas encore d'en revenir à l'Eglise? Elle a le remède et, seule, elle peut prétendre à le présenter avec une autorité suffisante.

III

EST-CE AU NOM DE LA JUSTICE?

Le troisième grief des socialistes contre l'Eglise, est l'impuissance de celle-ci à améliorer le sort de l'ouvrier. Après l'avoir attaquée au nom de la liberté et de la science, ils l'attaquent au nom *de la justice.* A les entendre, l'Eglise n'apporte pour soulager les maux de l'humanité que la résignation ou la charité. « Or, lui répètent-ils, nous ne voulons pas de votre charité : l'aumône est une humiliation ; nous avons le droit d'être autre chose que des mendiants ; nous voulons ce qui nous revient en stricte équité, notre part légitime dans la distribution des richesses sociales. La résignation dans l'espoir des réparations de l'eau-delà est un allègement par trop platonique et mystique ; nous voulons des adoucissements actuels à notre sort, une condition de vie moins amère. C'est notre droit. La justice ! Nous ne réclamons rien de plus, mais nous ne nous contenterons pas à moins. « Nous sommes matérialistes, déclare le groupe socialiste de Puteaux (*Petite République*, 14 juillet 1898), parce que les religions, quelles qu'elles soient, prêchent la résignation. » A la religion divine, « qui poétise la souffrance en lui promettant les réparations futures », M. Viviani oppose « la religion de l'humanité, qui, elle aussi, poétise la souffrance en lui offrant le bonheur des générations ». Il demande qu'on substitue « à la charité la solidarité », qu'on donne « le surplus et le meilleur » de soi-même « à la seule puissance qui soit vivante et immortelle, à la justice ».

Le nouveau reproche fait à l'Eglise est-il plus justifié que les précédents ? Mais soutenir qu'elle ne s'intéresse pas au sort actuel de l'ouvrier, c'est nier tout son esprit et toute son histoire.

La vie du Christ est une protestation perpétuelle contre pareille accusation. Le Christ, qui étendait son amour à tous les hommes, s'est surtout apitoyé sur les petits et les déshérités de ce monde. Il a voulu vivre pauvre, au milieu des pauvres. Toute souffrance émouvait son cœur. Il ne donnait pas la fortune parce qu'il ne l'avait pas, mais ce qu'il pouvait donner, il le répandait à profusion. L'Evangile résume sa vie dans ces deux mots éloquents : « *transiit benefaciendo :* il a passé en faisant le bien ». « Les aveugles voient, ajoute le texte sacré, les sourds entendent, les paralytiques marchent. » Une pauvre mère pleure près du corps de son fils, raidi par la mort : le Christ rend à la mère désolée son enfant plein de vie. La foule est là, tourmentée de la faim en plein désert : le Christ la rassasie.

Qu'on ne dise pas que l'Eglise agit autrement que le Christ. Pour s'en convaincre, on n'aurait qu'à feuilleter, l'une après l'autre, les pages de son histoire. Il faudrait s'aveugler volontairement pour ne pas reconnaître qu'en fait de bienfaisance l'Eglise n'a jamais été surpassée par personne. Partout où une misère s'est montrée, le remède correspondant est apparu. L'amour du prochain, qui circule à travers les âmes catholiques, s'est attendri comme d'instinct et a fait naître des dévouements admirables, poussés jusqu'à l'héroïsme. Que l'on compte les orphelinats, les hôpitaux, les asiles de vieillards, les sommes distribuées aux malheureux, tout cela, germant comme une moisson perpétuelle et luxuriante dans le champ de l'Eglise ! Que l'on fasse le total de ces phalanges d'âmes éprises de l'amour du prochain, qui ont tout quitté pour se consacrer plus entièrement au soulagement des malheureux ! On trouvera ailleurs, certainement, de beaux dévouements, parce que la pitié est naturelle au cœur humain, surtout depuis que l'Eglise a répandu à travers les peuples sa loi de charité ; mais on ne trouvera nulle part une efflorai-son de dévouement comparable à la sienne. Sans le vouloir, M. Viviani en fait l'aveu quand il parle de « remplacer » la charité de l'Eglise. S'il faut remplacer cette charité, c'est apparemment parce qu'elle tient une place, une place indispensable, une place qui n'a encore été remplie par personne.

Mais ce dont vous nous entretenez, va-t-on dire, c'est la charité. Or, nous avons les oreilles rebattues de votre charité ; nous vous l'avons dit, ce qu'il nous faut, c'est la justice.

Venons-en donc à cette justice au nom de laquelle on parle si haut.

Le catholicisme, certes, se fait gloire de sa charité, car la charité est nécessaire au monde, mais il ne représente pas à un moins haut degré cet « idéal de justice », vanté par les orateurs socialistes. On pourrait dire que la charité est, aux yeux de l'Eglise, une vertu de choix, d'élite, presque d'exception, tandis que la justice est une vertu élémentaire, rigoureusement imposée à tous, même aux âmes les plus vulgaires. La charité n'est renfermée qu'indirectement, qu'implicitement dans les commandements de Dieu, elle n'est pas nommée ; tandis que la justice est prescrite par deux articles spéciaux : « Bien d'autrui tu ne prendras... ; bien d'autrui tu ne convoiteras... » Par là, le vol, le désir même du vol, sous toutes ses formes, est interdit : non seulement le vol qui consiste à dévaliser son prochain, ou à mettre sa bourse au pillage, mais le vol déguisé qui se cache dans l'usure, la fraude, les contrats iniques. Qu'on se donne la peine d'ouvrir le premier catéchisme venu, et l'on sera vite renseigné sur ce point. Le contrat qui lie le patron et l'ouvrier est en cause aussi bien que les autres. L'Eglise exige que tous les salaires : salaires des domestiques, salaires des employés, salaires des ouvriers, soient conformes aux règles de la plus stricte équité. Si l'Eglise défend à l'ouvrier de frauder ou de voler son patron, elle défend avec la même rigueur au patron de fruster celui qu'il emploie. Si celui-ci, spéculant sur la misère ou la nécessité, ne donne pas à l'instrument humain dont il se sert les moyens raisonnables de se soutenir et de s'entretenir, s'il exploite en particulier d'une manière odieuse le travail de la femme, est-ce que l'Eglise sanctionne une pareille conduite ? Est-ce qu'avant de dire aux hommes : « Soyez charitables ! » elle ne leur dit pas : « Soyez justes ! La justice avant la charité ? » Est-ce qu'elle n'a pas pour les accapareurs des lois impérieuses de restitution ? Est-ce qu'à la vue des injustices publiques elle ne s'émeut pas autant que les socialistes ?

Elle s'émeut, objecte-t-on ; mais que fait-elle pour amener la disparition de ces injustices ?

D'abord est-ce la faute de l'Eglise si tant d'injustices criantes règnent dans la société actuelle ? On a fait tous les efforts pour briser le sceptre de l'Eglise, pour dénigrer sa loi morale, pour entraver son action. Puis, quand la plus grande force morale qui soit au monde a cessé de s'exercer dans certains milieux, on s'étonne que les lois les plus élémentaires de la morale soient foulées aux pieds ! Que du moins on n'en rende pas l'Eglise responsable ! C'est parce qu'elle n'est plus là, que tout craque. L'impiété, qui est la désorganisatrice par essence, parce qu'elle ne peut soutenir dans leur ruine les principes moraux dont les sociétés ont besoin, — l'impiété, qui ouvre la porte toute grande aux déloyautés, à la rapacité, à l'égoïsme, à l'injustice, — l'impiété, par une conséquence fatale et un châtiment inévitable, porte les révolutions dans son sein. Car par la décadence des mœurs, entraînant à sa suite mille formes d'iniquités, elle provoque des mécontentements, des colères, des fureurs de rage qui s'exaspèrent et finissent tôt ou tard dans l'exaltation des révoltes sociales. L'état de malaise où se trouve la société actuelle est la suite logique et fatale de l'impiété.

Qu'on revienne d'abord au christianisme, ou du moins qu'on permette au christianisme de prêcher librement sa morale et qu'on favorise son action, au lieu de l'entraver ; du même coup on aura fait un grand pas vers la disparition des maux dont tout particulièrement souffre l'ouvrier. On verra alors si l'Eglise est impuissante pour faire régner parmi les hommes « l'idéal de justice ».

Là, où elle a pu exercer son apostolat, dans la sphère limitée où elle pouvait évoluer, elle est arrivée à des résultats surprenants. Dans le Nord : à Roubaix, à Tourcoing, à Lille, elle a rassemblé de nombreux représentants du grand patronat dans une Association de patrons chrétiens. A cause des nécessités économiques, en particulier de la concurrence, on n'a pu réaliser tout ce qu'on aurait voulu, mais la condition de l'ouvrier s'est améliorée dans des proportions considérables. A Varmériville, M. Harmel a créé une usine modèle, où ses nombreux ouvriers se trouvent si satisfaits que les socialistes ne parviennent plus à recruter leurs syndicats révolutionnaires. Les bons apôtres en sont entrés dans une fureur noire qui leur inspire toutes sortes de malédictions contre celui qui est appelé partout « le bon Père », et contre son village ouvrier.

Qu'on pénètre de l'esprit chrétien : d'une part le patron, et, de l'autre, l'ouvrier ; — que, par en haut, l'on modère l'égoïsme et les appétits insatiables de lucre, tout en développant l'amour du prochain, et que,par en bas,on ramène les aspirations au bien-être dans de justes limites ; qu'on inspire à tous la modération dans les désirs et la conviction que les richesses ne font pas le bonheur, et l'on verra bien des questions se résoudre comme d'elles-mêmes. Si, au contraire, on abandonne de part et d'autre les rênes aux convoitises, si l'on multiplie les besoins et les désirs, le millionnaire n'aura jamais assez de millions, et le salarié ne sera jamais satisfait de son salaire. La rapacité de l'un et les exigences de l'autre ouvriront un abîme toujours plus béant, par dessus lequel aucune entente ne pourra être établie.

Tels sont les premiers moyens que l'Eglise offre au monde pour y étendre le règne de la justice. Ce sont les plus efficaces et s'ils ne se trouvent pas à la base de toutes les réformes, celles-ci sont bien exposées à rester vaines et impuissantes. Tant que les appétits seront déchaînés, la voix de la justice ne parviendra pas à se faire entendre. Si l'amour de la justice ne pénètre pas les cœurs, on n'arrivera pas à la faire régner du dehors par la force. Quant à cette organisation sociale, rêvée par les socialistes, où l'empire de la justice serait établi comme de lui-même, elle n'est qu'une utopie : tant qu'on n'aura pas détruit les passions humaines — et cette destruction ne peut être imaginée que par des naïfs, — la source de l'injustice existera.

En même temps qu'elle moralise les cœurs et les volontés, l'Eglise ne refuse pas de s'appliquer à l'étude des questions sociales. Le Souverain Pontife, dans des encycliques célèbres, s'est occupé de la condition des ouvriers et a tracé d'une main sûre les principes qui devaient être suivis dans la solution des problèmes. En regard des écoles socialistes, une « Démocratie chrétienne » s'est fondée, très au courant des questions, désireuse d'arriver à des réformes efficaces. Par des coopératives, des maisons du peuple, des caisses de secours pour les vieillards et les infirmes, elle s'efforce d'améliorer le sort des travailleurs. Elle demande une plus grande liberté d'association, pour que, de part et d'autre, le patron et l'ouvrier puissent discuter plus librement les clauses du contrat qui les lie. Elle recourt à l'Etat pour assurer la protection du travail des femmes et des enfants. Aucune face du problème ne lui échappe. Et ce qui donne à ses efforts une valeur incontestable, c'est qu'ils sont inspirés par la seule justice et ne renferment la menace d'aucune révolution.

Que le socialisme ne fasse donc pas étalage de son « idéal de justice », qu'il ne le mêle pas à tous ses éclats de voix, comme s'il en avait fait la découverte et le représentait à lui seul ! Son idéal de justice on le connaît ! La justice, à ce qu'il semble du moins, se contente de ce qui est dû : donnant donnant ; je vous donne pour deux francs, payez-moi deux francs ; je vous loue mon travail, fournissez-moi de quoi vivre honnêtement, humainement. La justice ne peut rien exiger au-delà. Cependant, on n'entend parler de toutes parts que d'expropriation : expropriation des moines, expropriation des capitalistes. Mais, pour l'accaparer, ce bien est-il à vous ? Vous voulez vous approprier les biens des congrégations ; vous voulez confisquer les milliards représentés par les usines et par les mines : sur quels titres de possession vous appuyez-vous ? Pour arriver à vos fins, vous avouez qu'une révolution violente sera probablement nécessaire. Les égorgements accompagnent la violence. Cependant la plus élémentaire justice défend d'arracher au prochain, ce qui lui est plus cher encore que sa fortune, sa vie. Singulière justice qui prêche le vol et l'homicide !

Ne nous parlez pas de justice, puisque vous glorifiez les moyens qui en sont la négation même. — La justice, répondez-vous, nous la pratiquerons lorsque la révolution aura régénéré l'humanité. — Concédez alors que jusque-là vous vous moquez de la justice. Et si maintenant vous montrez pour elle un amour aussi détaché, cela prouve qu'elle ne vous tient guère au cœur. Une vertu que l'on respecte, se fait obéir toujours. Si l'on veut bien y regarder de près, ce n'est pas la justice qui se trouve au fond de vos revendications, mais des convoitises surexcitées et mal dissimulées.

La conclusion qui s'impose, est, qu'en fait de justice, l'Eglise n'a pas de leçons à recevoir du socialisme. « L'idéal de justice » existait avant les périodes oratoires de M. Viviani. Avec sa justice, l'Eglise peut régénérer le monde ; avec la sienne, le socialisme ne peut que l'écraser sous des ruines.

A la justice, l'Eglise ajoute la charité. Elle la tient pour le précepte le plus important de l'Evangile. Doit-on lui en faire un reproche ? Il faut au contraire l'en bénir. L'amour des hommes qui la tourmente, est tel qu'elle ne se croit pas quitte envers le prochain quand elle s'est acquittée des dettes de justice ; elle veut mieux ; elle inspire aux croyants le besoin de donner même ce qu'ils ne doivent pas, de se dévouer, de se dépouiller, de se sacrifier, s'il le faut, pour leurs frères. Il faudrait être insensé pour s'en plaindre. Car le monde ne peut se passer de la charité. Quoiqu'on fasse, jamais l'organisation sociale ne sera assez parfaite pour que chacun puisse dire : « La part qui me revient en stricte équité, me suffit. » L'enfant est inutile à la société durant les premières années de sa vie; le rachitique et le perclus sont incapables de tout travail, la stricte justice les condamnerait à mort. Cet ouvrier gagnait de gros salaires; soit gaspillage, soit toute autre cause, il ne possède aucune économie; un accident ou une infirmité survient qui le cloue sur un grabat: que deviendra-t-il si la charité ne lui tend la main? La fortune est sujette à mille coups du sort; le socialisme ne supprimera pas les revers de fortune, les surprises de la misère et du malheur; sans la charité, quel sort sera réservé aux légions de malades, de paralytiques, de vieillards, d'orphelins, qui encombrent les sociétés? Qu'on améliore la condition des hommes de telle façon que, dans les circonstances normales, ils puissent se suffire à eux-mêmes, personne n'y trouvera à redire; mais qu'on espère un jour pouvoir se passer de la charité, c'est se repaître de chimères.

Ce qu'il faut faire, ce n'est pas réprimer l'essor de la charité, mais élargir les cœurs, afin qu'auprès de chaque douleur la charité puisse s'asseoir et verser son baume réconfortant. Le monde n'aura jamais assez de charité parce qu'il aura toujours trop de souffrances.

Les adversaires de l'Eglise le savent bien; aussi veulent-ils « remplacer » la charité. Ils offrent en échange la solidarité. Il faut, dit M. Viviani, entrer dans l'Eglise et « remplacer la charité par la solidarité ». Qu'est-ce donc que cette solidarité dont on nous rabat les oreilles depuis quelques années? La solidarité est la trouvaille du jour faite par « la pensée laïque ». Elle traînait dans quelques productions socialistes et dans les loges maçonniques. Un beau matin, dans un discours sonore, M. Bourgeois la tire de son obscurité. Depuis, comme si un mot d'ordre avait été donné, on n'a plus entendu parler que de solidarité. C'est le cliché à la mode, le salut des générations futures! Des lèvres de M. Bourgeois la solidarité passe sur celles de M. Dupuy. On l'exalte dans des discours de distribution de prix. Au moment où s'ouvrent les grandes assises du travail, — je veux parler de l'Exposition de 1900, — M. Millerand,

M. Loubet parlent : tous deux nomment la solidarité. Elle fait sa réapparition au fameux banquet des 20.000 maires. On serait bien tenté de croire que cette touchante unanimité provient d'autre chose que d'une rencontre fortuite. Le mot de charité sonnait mal aux oreilles ; il avait l'air trop calotin ; on l'a coiffé d'un bonnet phrygien et l'on en a fait la solidarité.

Le mot a trouvé d'autant meilleure fortune, qu'il est plus vague. Car enfin que veut-on dire avec cette solidarité ? Tout le monde la nomme et personne ne la définit. Si l'on veut se donner la peine de recourir au sens étymologique, on verra que la solidarité signifie que nous sommes solidaires les uns des autres ; solidaires, c'est-à-dire dépendants. Tous les actes qu'un homme pose dans la société, ont leur contre-coup. La bonté attire la bonté et contribue au bonheur du genre humain ; l'iniquité provoque l'iniquité et contrecarre la marche de l'humanité dans la voie de son adaptation parfaite au milieu ! Si j'agis bien, en vertu de ma dépendance vis-à-vis des autres hommes, je m'en trouverai bien moi-même ; si j'agis mal, j'en pâtirai à mon tour. On peut résumer ces pensées dans cette maxime : « Fais du bien à ton prochain, parce que c'est la meilleure manière de te faire du bien à toi-même ».

Il n'est pas difficile de se rendre compte que cette règle n'est pas autre chose que celle de « l'intérêt bien entendu ». C'est une règle essentiellement fondée sur l'égoïsme. L'homme doit chercher son propre bien : s'il s'occupe de celui des autres, c'est parce qu'il en tire quelque avantage. En somme, nous en revenons à la vieille morale égoïste d'Epicure et de Bentham, un peu remise à neuf par les philosophes anglais contemporains. La solidarité exclut les sentiments désintéressés qui sont la base de toute charité proprement dite.

Si c'est cela que l'on entend lorsque l'on en appelle à tout propos à la solidarité, qu'on le dise clairement ; alors on jugera entre cette vertu égoïste et la charité désintéressée de l'Eglise, et l'on se persuadera facilement que la trouvaille faite pour « remplacer » la charité n'est pas géniale. Ou bien, si, profitant de l'imprécision du terme, on laisse comprendre que la solidarité pourrait bien s'étendre aussi aux sentiments désintéressés, pourquoi se servir de ce terme qui alors est détourné de son sens propre, et ne pas dire tout simplement : la charité, qui est le terme véritable et consacré ?

IV

VRAIS MOTIFS

Lorsqu'on se donne la peine de réfléchir, il n'est donc pas difficile de se convaincre que l'Eglise n'est une ennemie, ni de la liberté, ni de la science, ni du bonheur de l'humanité. Les attaques dont elle est l'objet de ce triple côté, n'ont aucune raison d'être. Si le socialisme n'avait contre elle que de pareils griefs, on pourrait nourrir l'espoir d'une entente. Mais la raison véritable de l'antagonisme n'est pas là ; elle est dans une double opposition, irréductible celle-là, entre le socialisme et l'Eglise.

1° La religion, en promettant aux chrétiens une vie meilleure, ne les jette pas dans une résignation béate, dans une sorte d'acceptation fataliste de tous les maux qui peuvent survenir. Sous prétexte qu'ils goûteront plus tard la félicité, ils ne renoncent pas à la réclamer ici-bas dans la mesure où elle est possible. Comprendre autrement le christianisme, serait le dénaturer.

Cependant il est incontestable que la religion détache de la terre. A ses yeux, les vrais biens ne sont pas les biens périssables d'ici-bas, mais les biens immortels de l'autre vie. Au lieu de pousser les masses à la curée des richesses et des jouissances matérielles, l'Evangile prêche la modération des désirs, et met en garde contre cette ivresse que versent si facilement dans les âmes les joies trompeuses du monde. Les disciples du Christ savent, du reste, que la félicité parfaite n'est pas possible sur une terre hérissée d'épines ; comme ils ont d'autres espérances, ils ne s'indignent pas contre la souffrance, mais l'endurent patiemment, parce que leur foi leur offre des consolations et des réparations. Ainsi, il se produit comme une sorte de montée des âmes vers le ciel, tandis que la terre perd de son prix et s'efface.

Or, rien n'est plus antipathique au socialisme qu'un pareil état d'âme. Que de fois il a reproché aux chrétiens leur résignation dans l'attente des récompenses futures ! L'Eglise dit Jaurès, ne montre pas la terre « sous une lumière assez dure et assez crue » ; il faut que le monde apparaisse « hérissé de rudes misères ».

On ne doit pas oublier, en effet, que le socialisme a pris naissance dans une tête pétrie de matérialisme. On peut dire qu'avec Karl Marx il est sorti tout vivant d'un cerveau matérialiste. Or, une âme matérialisée n'a rien de commun avec l'âme chrétienne. Pour elle, le moindre soupir, la moindre larme deviennent des non sens et des absurdités. Comme le seul bonheur possible est celui que l'on cueille au cours des années périssables et que, d'autre part, l'âme humaine est assoiffée de bonheur, au lieu du détachement évangélique, c'est un besoin toujours fiévreux et toujours inassouvi de jouissances et de bien-être matériels. Les cœurs, au lieu de monter, se cramponnent à la terre où les fixent leurs convoitises allumées. « La vie est courte ; hâtons-nous tandis qu'il en est temps ; couronnons-nous de roses ! » Qu'on ne parle pas de modération : pourquoi mettrait-on des bornes à ses désirs ? De là, des impatiences et des révoltes contre toute souffrance et toute misère. De là, des besoins sans nombre produisant des envies effrénées. L'instrument du bonheur est la richesse : pourquoi celui-là serait-il riche, tandis que je suis pauvre ? Le travail est un fardeau : pourquoi celui-là se reposerait-il pendant que je peine ? La sujétion à un maître est un joug : pourquoi serais-je condamné au rôle d'esclave ? Tous les hommes sont égaux ; j'ai droit aux mêmes jouissances, à la même indépendance, aux mêmes biens que les autres. A moi autant qu'aux autres ! Si l'on allait au fond de ces récriminations, il faudrait dire plus justement : A moi tout ce que je convoite ; qu'importent les autres ! Si je gémis dans une condition inférieure, c'est que la société est mal faite. Qu'on recommence l'organisation du monde, établie sur des principes iniques !

Parfois on se plaît à railler les gros socialistes qui, nantis de bons revenus, mènent une existence de bourgeois plantureux, sans souci de ces « pauvres bougres de salariés ». On leur reproche leurs repas de Lucullus et leurs voyages en wagons capitonnés. Mais un socialiste n'a jamais fait vœu de pauvreté. Il voulait du bien-être et, le rencontrant sur son chemin, il le saisit au passage. Peut-on l'en blâmer ? Il est logique. Il n'a jamais promis non plus de partager. Toute son ambition était d'arriver à ce « troisième stade de l'évolution », dont parle B. Malon. Maintenant qu'il y est parvenu, il n'entend pas retourner en arrière. C'est bien beau qu'il consente encore à tendre la main aux retardataires pour essayer de les hisser jusqu'à lui.

En tout cas, la conception collectiviste et communiste est née de la soif insatiable du bien-être : on prendra à ceux qui possèdent, on mettra le tout en commun ; en même temps on supprimera les patrons ; de la sorte, s'imagine-t-on, tout le monde sera riche, indépendant et heureux. On travaillera le moins possible, et l'on flânera à son aise ; il y aura pour chacun du bien-être à revendre. Rien n'arrête le socialisme, ni le côté chimérique de ses rêves, ni la perspective des ruines qu'il devra amonceler pour parvenir à ses fins. Pour le comprendre, il faut des âmes éprises des folles joies de la terre. Cela explique pourquoi il exerce une attraction si forte sur les cœurs irréligieux. Les milieux qui n'ont plus de foi chrétienne, sont tout prêts pour grossir les rangs de l'armée révolutionnaire. Mais cela explique aussi pourquoi les âmes croyantes sont rétives à l'action des disciples de Marx.

Telle est la première cause de la haine socialiste contre le catholicisme. C'est une haine instinctive, née de l'incompatibilité des caractères. Rien n'est commun, ni les sentiments, ni les idées, ni les désirs, ni le tempérament.

2° La seconde raison de l'antagonisme est tirée d'un tout petit commandement de Dieu qui tient en cinq mots : « Biens d'autrui tu ne prendras ». Il est vrai, *qu'en théorie*, la théologie catholique ne regarde pas le communisme comme une conception absolument opposée à la loi naturelle. Le communisme existe dans les monastères et les couvents. Peut-être aurait-il été possible dans une humanité plus parfaite que la nôtre. Mais, *en fait*, les peuples vivent sous un autre régime, plus en harmonie avec la déchéance originelle de la nature humaine. Pour en établir un nouveau, qui n'aurait aucune chance de perpétuité, il faudrait passer par l'expropriation, appelée de son nom classique le vol, et vraisemblablement par un bon nombre d'homicides. Or, l'Eglise ne sera jamais avec les voleurs et les égorgeurs, puisqu'elle devrait fouler aux pieds les articles d'un Décalogue qu'elle tient de Dieu lui-même.

L'Eglise ne peut admettre la révolution telle que l'entendent les socialistes ; ceux-ci le savent ; elle est donc nécessairement vouée aux colères du parti. Comme M. Allemane vient de le rappeler dans une circulaire à ses électeurs, elle est englobée dans cette haine générale qui embrasse tous les « soutiens de la la classe capitaliste : armée, magistrature, police, clergé ». L'Eglise prêche trop haut sa morale, l'armée et la police ont trop de fusils et de baïonnettes, les magistrats brandissent sur la tête des perturbateurs trop d'articles du Code. Au milieu de cet attirail menaçant, les révolutionnaires se trouvent mal à l'aise ; ils ne parviennent pas à conduire à terme leurs coups de force. Aussi mènent-ils avec fureur un assaut général contre toutes les barrières derrière lesquelles s'abrite l'ordre social.

L'Eglise a toujours eu l'honneur des premières attaques. Elle n'a pas à s'en justifier ; c'est pour elle une gloire d'être tenue pour une ennemie par des hommes qui préparent les pires attentats. Mais dans la multitude des coups qu'on essaie de lui porter, il importe de ne pas prendre le change. Pour mieux réussir, les socialistes ramassent partout les pierres qu'ils lui jettent, dans les formulaires d'impiété, dans le bric-à-brac des arrière-loges. Tout leur est bon. Cependant ils ne sont sincères que lorsqu'ils désignent l'Eglise comme l'ennemie des aspirations matérialistes et des tentatives révolutionnaires.

On peut maintenant répondre nettement à la question de savoir si la religion peut trouver une place dans le socialisme, au moins à titre de « chose privée ». Il faut distinguer entre la période de destruction et la période d'édification. Actuellement, le socialisme poursuit la destruction de la société capitaliste. Tant qu'il en sera là — espérons que ce sera toujours — il sera l'ennemi de toute religion et, avant tout, du christianisme ; nous avons dit pourquoi. Plus tard, si l'état socialiste parvenait jamais à se constituer et à vivre, il n'apparaît pas à bon nombre de théoriciens du parti que l'on puisse refuser aux citoyens la liberté de croire. Jaurès le laissait entendre dans le discours qu'il prononça sur la tombe de Sautumier et que nous avons rappelé. Alors on pourra se livrer à l'étude des problèmes qui intéressent la destinée humaine ; mais, en attendant, les nécessités de la lutte appellent ailleurs les militants. Il faut être athée, au moins par tactique.

TROISIÈME PARTIE

De quel droit ?

De quel droit le socialisme le prend-il de si haut avec l'Église ? Quels sont ses titres d'arrogance ?

Aux services rendus par l'Eglise à l'humanité, il peut sans doute opposer d'autres services autrement précieux. Sans doute, il se présente au monde les mains remplies de bienfaits, ou du moins de promesses, et il annonce aux peuples une ère de félicité inconnue.

A ses œuvres on reconnaît l'ouvrier. Bien qu'il n'ait pas une longue histoire, le socialisme s'est affirmé par des actes. Il s'est agité avec l'exubérance de la jeunesse, et dans plus d'une circonstance, il s'est montré tel qu'il était, avec son véritable visage. Son apparition soudaine a-t-elle réjoui le monde ou l'a-t-elle épouvanté ?

L'Eglise, elle, peut affronter fièrement le regard des peuples. Nous ne prétendons pas qu'aucune tache n'ait jamais terni l'éclat de ce soleil. L'Eglise est composée d'individus auxquels ni l'infaillibilité ni l'impeccabilité n'ont jamais été promises ; elle n'a pas éteint les passions chez les peuples où elle s'est établie, passions qui ont pu mêler leurs scories au pur métal de l'action chrétienne. C'est être de mauvaise foi que de condamner l'Eglise à cause des défaillances individuelles, ou à cause des excès des gouvernements catholiques.

Pour apprécier sainement l'action de l'Eglise, il faut l'envisager sur le terrain qui lui est propre, dans son œuvre de *régénération morale et civilisatrice*. Athènes et Rome étaient tombées en admiration devant les enseignements de leurs philosophes. Mais lorsque l'Eglise, par la bouche d'obscurs pêcheurs partis de Galilée, vint réciter devant elles son *Credo* et ses commandements, lire les pages si simples de l'Evangile, elles avouèrent que jamais les jardins de l'Académus ou le Portique n'avaient retenti de pareils accents. L'humanité rapprochée de Dieu par l'amour et les hommes unis entre eux par la charité la plus étroite, mère de toutes les pitiés et de tous les dévouements ; la pudeur et la chasteté opposées aux débauches du paganisme ; le mépris des biens de la terre prenant la place des convoitises effrénées et d'un luxe scandaleux ; les dieux malfaisants et corrompus de l'Olympe remplacés par un Dieu infiniment bon et miséricordieux : tels étaient les enseignements nouveaux du christianisme.

Or, quand une pareille puissance morale, aidée par une vertu de persuasion irrésistible, s'établit au milieu des peuples, son action se traduit par des effets singuliers. L'Eglise prêche la charité, elle a créé la charité ; l'Eglise prêche la pureté, elle a créé la pudeur et la virginité ; l'Eglise prêche la douceur, elle a brisé les passions brutales des Barbares ; l'Eglise prêche le détachement, elle a contenu les convoitises et les appétits ; l'Eglise prêche la pitié, elle a couvert le monde de ses œuvres bienfaisantes.

Par surcroît, en rendant l'homme plus moral, elle l'a rendu plus homme. Celui-ci épanouit, dans l'ordre et l'harmonie, ses énergies et ses facultés au grand soleil des vertus chrétiennes. La terre, défrichée par la bêche des moines, devient plus féconde ; les intelligences, rendues plus hardies, s'abîment dans la contemplation de la vérité ; les cœurs, hauts et fiers, sont toujours prêts pour la défense des nobles causes ; les âmes, éprises d'idéal et de beauté, traduisent leurs pensées dans d'immortelles œuvres d'art. Partout c'est l'épanouissement de la vie. Ceux qui ont étudié les siècles catholiques, ont été frappés de cette atmosphère de vie saine, surabondante, normale, vivifiante qui circule de toutes parts. Aujourd'hui, dans notre atmosphère de rationalisme sceptique, les belles pensées et les sentiments généreux dépérissent comme des fleurs ravagées ; on se débat fiévreusement et l'on étouffe. Qu'on rende l'Eglise aux intelligences, aux volontés, aux aspirations vers l'idéal, et, comme à la venue d'un printemps nouveau, tont reprendra vigueur et vie débordantes.

Tels sont les services rendus par l'Eglise.

Et le socialisme, qu'a-t-il fait ?

Oh ! nous ne le calomnierons pas. Nous ne chargerons pas un parti des excès commis par des individualités inconscientes ou égarées. Nous ne parlerons que des actes qu'il a hautement revendiqués comme siens et qui sont, à n'en pas douter, son œuvre propre.

Un jour des hommes étaient descendus dans un souterrain. Tout à coup, ils s'arrêtent, glacés d'épouvante. Leurs pieds venaient de heurter des squelettes et sur la muraille une main sanglante était imprimée. Si nous descendons dans l'histoire du demi-siècle qui vient de s'écouler, vers le milieu, nous rencontrons une empreinte de sang sur les feuilles de nos Annales. Le crime a passé par là.

Or, ce crime a été perpétré par le socialisme, qui l'a — prémédité, — accompli, — glorifié ; bien plus, qui se déclare prêt à le commettre de nouveau.

On ne peut être surpris de trouver le bras du socialisme dans le sang d'une révolution. Le socialisme est la révolution par essence. Plus tard, « au troisième stade de l'évolution », il s'occupera à édifier ; mais maintenant son unique but est le renversement de la société actuelle. S'il consent à s'attarder à quelques réformes, il ne les considère que comme des moyens d'action transitoires ; son œuvre véritable est la révolution. Tous les groupements ne prennent-ils pas avec affectation la dénomination de révolutionnaires ?

Aussi dès sa fondation (1864), l'Internationale, sous l'impulsion du Conseil général, établi à Londres, et par l'entremise des principaux militants, concentra-t-elle toutes ses énergies vers la préparation d'un coup de force.

Sur tous les tons, on proclame que « la révolution est fatale » ; on en appelle « à la guerre sociale, qui seule permettra de renverser les institutions tyranniques des gouvernements ». « Agissons, osons, s'écrie Bastelica, de Marseille ! Il nous faut la révolution. Evoquons les ombres de Marat et de Danton ! »

En même temps on s'organise afin que, « au moment décisif, les forces ouvrières ne manquent pas d'unité d'action » (Congrès de Bruxelles, 1888). Les chefs s'entendent « sur les moyens pratiques », tracent un plan de révolution. Pour grossir l'armée révolutionnaire, on attire les déportés de 1851 et de 1858, les gens résolus à tout, tels que Félix Pyat, Besson, Cluseret. Ce dernier ne nourrit pas de médiocres projets ; il écrit de New-York (17 février 1870) : « Ce jour-là (le jour de la révolution) *nous ou le néant !... Paris sera à nous ou il n'existera plus !* » A la chute de l'Empire, le Conseil général recommande aux ouvriers de « pousser activement leur organisation qui leur donnera des forces herculéennes » ; il écrit, nous apprend le secrétaire E. Dupont, « à tous les correspondants afin que leurs efforts se concentrent dans ce sens pour agir avec ensemble au moment opportun et décisif ».

Sitôt que l'Internationale se croit en mesure d'oser, elle devient d'une turbulence incroyable, toujours en fièvre révolutionnaire, toujours prête à l'émeute. L'année 1870 est remplie de ses œuvres. Le mouvement insurrectionnel aurait éclaté, à Auteuil, aux funérailles de Victor Noir, si le mot d'ordre attendu avait été donné (12 janvier). L'arrestation de Rochefort provoqua une emeute (7 février). Puis c'est une grève au Creuzot ; puis un complot à la nytro-glicérine, ourdi contre la vie de l'Empereur et heureusement découvert à temps (30 avril).

Au mois de juillet survint la guerre franco-allemande. Quel fut le rôle de l'Internationale durant cette douloureuse période ? Les dangers et les malheurs de la patrie ne la touchent pas. Elle ne songe qu'à profiter des embarras du gouvernement et du désarroi de la défaite pour parvenir à la réalisation de ses desseins. Ses organes déclarent que la patrie, l'honneur national sont des « chimères », pour lesquelles ne doit battre aucun cœur socialiste (Egalité, de Genève) ; que les prolétaires se réservent pour d'autres luttes, car « après les bataillons de la France et de la Prusse, les armées sociales entreront en lice ». Lorsque la guerre est devenue inévitable, on déclame en faveur de la paix et l'on songe à une grève générale ; lorsque Paris, enserré dans un cercle de fer infrangible, se résout à l'humiliation d'un armistice, on devient d'un patriotisme à outrance. Chaque malheur de la France est prétexte à une émeute : émeute de la Villette après l'entrée des Allemands à Nancy (14 août) ; émeute du 31 octobre, après la capitulation de Metz ; émeute de l'Hôtel-de-Ville aux cris de guerre à outrance (22 janvier 1871).

Enfin, à l'heure où la France saignait par mille blessures, l'Internationale, servie par les événements an-delà de toute espérance, aidée par 150.000 garde-nationaux qui étaient l'armée prolétarienne enfin maîtresse du terrain, s'empara de Paris où elle régna seule. Au 18 mars, le gouvernement régulier s'était enfui à Versailles, laissant la place aux émeutiers, et les élections hâtives, illégales, éhontées du 26, avaient remis les destinées de Paris à cette fameuse « Commune », où les violents : Jacobins, Blanquistes, Hébertistes, comptaient 54 membres sur 79. On n'a qu'à prendre la liste des élus : ce sont bien les Internationaux qui occupent la place. Pendant deux longs mois, du 18 mars au 26 mai, rien ne se fera dans la capitale qu'avec l'agrément ou par l'intermédiaire de l'Internationale. Elle mène tout, à l'aide du Comité central, de la Commune, et, vers la fin, du Comité de Salut public.

Alors on sut ce que c'est que faire la révolution, cette révolution si longtemps attendue comme l'espoir suprême de salut. Des socialistes honteux ont cherché des excuses aux excès de leur parti : les Versaillais ont commencé ; on n'a fusillé que par représailles, incendié que par stratégie militaire. Le simple exposé des faits, tel qu'on peut le lire dans les histoires impartiales de la Commune et que les limites de cette brochure ne nous permettent pas d'insérer ici, est une réponse écrasante.

La Commune fut d'abord une orgie matérialiste. On s'amusa ferme sur toute la ligne. Les galonnés et les chamarrés se payaient, aux frais du Trésor, des repas sardanapalesques, où ne manquaient ni les vins de Beaune et de Mâcon, ni les litres de cognac, ni les jolies pécheresses, venues du Dépôt, grâce à des levées d'écrou intelligentes. Les simples gardes nationaux buvaient à pleines gorgées le vin et l'alcool, couraient la prétentaine comme de vulgaires Ferré ou R. Rigault. Ils avaient dans leurs rangs des femmes qui s'habillaient en hommes, tiraient le fusil et le canon, étaient aussi fortes en gueule que Mme Angot et n'avaient pas précisément froid aux yeux. Combien répétèrent que l'époque de la Commune avait été la plus belle de leur vie! Pour boire, mener la vie, pourvoir aux ameublements de l'avenir, on « déménageait » la maison de M. Thiers, on pillait les hôtels, on dévalisait les Tuileries.

Mais ce sont là de menus détails. La Commune fut surtout une explosion de rage antireligieuse et antibourgeoise. Ce qui représentait à un titre ou à un autre la religion et l'ordre social : prêtres, suisses, bedeaux, magistrats, gendarmes, sergents de ville, fut jeté en masse dans les prisons, sous le nom d'otages. L'archevêque, Mgr Darboy, et le président du tribunal, M. Bonjean, M. Deguerry, curé de la Madeleine, des Jésuites, des Pères de Picpus, des Dominicains, des Sulpiciens, d'autres prêtres, un couvent entier de religieuses, furent entassés au Dépôt, à Mazas, à la Roquette, à Saint-Lazare. Les gendarmes et les sergents de ville remplissaient les deux Roquettes. La Commune mit en geôle environ 5 000 personnes. En même temps, elle déclarait de bonne prise tous les biens de l'Eglise, meubles et immeubles, mettait à sac l'archevêché, saccageait les églises, qui devinrent le théâtre des scènes les plus scandaleuses. Comme elle sentait que sa victoire n'était que momentanée et que Paris lui serait arraché par les Versaillais, elle réquisitionna le pétrole et les matières incendiaires, en appela aux chimistes, forma des équipes de « fuséens. », plaça sous les édifices des tonneaux de poudre.

Puis, enfin, lorsque l'armée de Versailles eut franchi, dans la nuit du 21 mai, les fortifications, elle déchaîna ses sauvages instincts et commença la « Semaine sanglante ». « Nous ou le néant, avait jadis écrit Cluseret ! Paris sera à nous ou n'existera plus. » Pareille à une bacchante ivre, elle accomplit ce qu'elle put de ce programme sinistre.

A mesure qu'ils se retirent devant l'armée régulière, les communards allument des brasiers et versent le sang, autant qu'on leur en laisse le loisir, pas autant qu'ils le voudraient. Dans la journée du 23 mai, on répand à flots le pétrole aux Tuileries et dans les édifices de la rue de Lille ; on expédie de divers côtés des ordres d'incendie. Vers la fin du jour, douze maisons de la rue Royale et de la rue Saint-Honoré ; en face, tout le côté droit de la rue de Lille : Légion d'Honneur, Cour des comptes, Conseil d'Etat, Caserne ; vingt maisons du côté gauche, une partie de la rue du Bac ; puis, pour faire un fond à cette perspective lugubre, la longue façade des Tuileries, se tordaient dans les flammes. Le lendemain, plus en arrière, la Préfecture de police, l'Hôtel-de-Ville, l'Octroi, les Archives, l'Assistance publique devenaient la proie de l'incendie. De la Concorde à l'entrée de la rue de Rivoli, nos plus beaux monuments s'abîmaient à la fois dans la fumée et les torrents de feu. Le ministère de la marine et le musée du Louvre, la Sainte-Chapelle et Notre-Dame n'échappèrent à la destruction que par un concours de circonstances inespéré. Quand il ne fut plus possible de promener la torche, on employa l'artillerie : les batteries du Père-Lachaise et des Buttes-Chaumont tirèrent à toute volée sur la Santé, le dôme de Saint-Augustin, la Bourse, la Banque, l'Hôtel des Postes, la place de la Victoire, la place Vendôme. Sous la flamme, des fauves se glissaient et, en reculant vers de nouveaux repaires, tuaient tout ce qu'ils pouvaient. Jean Vaillot est fusillé quai de l'Horloge ; le pharmacien Koch et trois passants, dans la Cour du Louvre ; Chaudey et trois gendarmes, dans le chemin de ronde de Sainte-

Pélagie ; Veysset, sur le Pont-Neuf. Serizier fait abattre comme des chiens, avenue d'Italie, cinq dominicains et sept de leurs employés. Six otages, parmi lesquels l'archevêque et M. Bonjean, tombent à la Roquette dans le mystère du chemin de ronde. Enfin, dans la matinée du 25, ce fut l'hécatombe sauvage innommable. Plus de cinquante otages : quinze prêtres ou religieux et trente-sept gendarmes, furent troués de balles, lardés de baïonnettes, piétinés, dans un terrain vague de la rue Haxo.

On savait maintenant ce que c'est que faire une révolution. Il était réservé au socialisme de donner au monde le spectacle d'un des plus grands forfaits qui ait étonné les siècles.

Pendant qu'un long frisson d'horreur parcourait l'Europe, le socialisme exaltait la Commune et glorifiait son œuvre. Son principal organe, le Vorbote, parle d'une révolution « que la démocratie socialiste du monde entier doit saluer avec enthousiasme », qui « n'est qu'un épisode dans la révolution sociale ». « La Commune est morte, s'écrie-t-il ! Vive la Commune ! »

Dans un manifeste (30 mai) le Conseil général, tout en s'efforçant, au mépris de toute vraisemblance, de plaider les circonstances atténuantes, célèbre les vertus de la Commune, grâce auxquelles on ne vit plus de violences contre les personnes ! ni de femmes de mauvaise vie ! Il acclame « les martyrs du prolétariat ».

En avons-nous fini avec ces hideuses révolutions ? Les socialistes d'aujourd'hui sont les frères des socialistes de 1871. Leurs revendications et leurs programmes sont identiques. Comme autrefois, ils ne parlent que de révolution sociale. On pourrait se leurrer du doux espoir que cette fois la révolution sera pacifique. Il fraudrait pour cela que la société actuelle, établie sur des bases dont le socialisme est la négation absolue, se laissât un beau jour bénévolement étrangler. Aucun socialiste n'est assez niais pour se l'imaginer. Aussi, comme on veut la révolution coûte que coûte, on la fera, et puisqu'elle ne peut s'accomplir que par la violence, on emploiera la violence. Ecoutons J. Jaurès qui veille si prudemment sur les moindres écarts de sa plume : « La transformation décisive, le socialisme ne l'attend ni de la bonne volonté des classes dirigeantes, ni même de la pression exercée sur elles par le prolétariat.... C'est *d'un seul élan* que partout les exploités *arracheront* le pouvoir politique au capital... Nous n'avons jamais dit, nous ne dirons jamais que la révolution sociale ne sera réalisée que par la voie parlementaire... Que de nouveaux scandales financiers éclatent, que la criminelle incapacité des dirigeants aboutisse à un désastre colonial, qu'un conflit violent s'élève entre les deux Chambres..., il se peut qu'*un vaste soulèvement* de l'opinion et du peuple abatte le régime capitaliste dès longtemps miné (1) ». La fraction adverse d'Allemane, qui, à l'encontre de J. Jaurès, met tout son espoir dans une grève générale, ajoute dans un manifeste officiel (4 juillet 1899) : « la réforme sociale générale ne peut résulter que d'*une action directe du Prolétariat contre le Capital*, qui pourra prendre la forme d'une grève générale » ; cette action directe « lui apparaît comme *la phase suprême et décisive* de toute l'œuvre socialiste et le *seul moyen* de mettre le monde du travail en mesure de reconstituer lui-même l'ordre social ».

Le socialisme n'a donc pas cessé d'être une menace permanente de guerre civile. Doit-on en concevoir des inquiétudes ?

Au Congrès de 1889, la seule fraction marxiste comptait déjà 430 associations. Depuis, les cadres du parti se sont accrus dans des proportions énormes. Les candidats du socialisme obtenaient, en 1885, 30.000 voix ; en 1889, 123.000 ; en 1893, 599, 588. On peut affirmer qu'aujourd'hui plus de 600.000 hommes sont groupés sous les plis du drapeau rouge.

Il y a quelque chose de plus inquiétant : le travail d'organisation, qui tend à l'unification la plus complète possible des forces prolétariennes, se poursuit lentement. Les articles fondamentaux du Credo socialiste : entente et action internationales, nationalisation du sol et des moyens de production, organisation politique et économique pour la transformation de la

(1) *Petite République*, 9 août 1896.

société capitaliste en une société collectiviste ou communiste, ont été promulgués par M. Millerand au célèbre banquet de Saint-Mandé. Ce Credo doctrinal préparait l'union effective des divers groupements : celle du socialisme français devint un fait accompli au Congrès de Paris (1899) par la création d'un Conseil général, muni d'un pouvoir très étendu. Enfin, au cours de l'Exposition de 1900, des délégués venus de tous les pays d'Europe et de l'Amérique rétablirent l'ancienne Internationale, avec bureau permanent, siégeant à Bruxelles.

Des dissentiments existent entre plusieurs fractions, dissentiments qui se sont accusés à plusieurs reprises par des claquements de porte bruyants. Qu'on ne prenne pas le change. Ils n'existent que sur des questions de détail, par exemple sur l'entrée des socialistes dans un ministère bourgeois. Sur le fond, tous s'accordent et, à l'heure du suprême « chambardement », pas un des enrôlés ne manquerait à son poste. Jamais le parti socialiste n'a été plus discipliné et plus menaçant qu'aujourd'hui.

CONCLUSION

I. — Voilà donc un parti qui se pose franchement en destructeur résolu de la société, qui s'organise systématiquement et ouvertement pour la révolte, qui est un artisan perpétuel d'émeutes, qui n'hésite pas, aux heures les plus tragiques, de déchaîner la guerre civile avec ses horreurs, qui, loin, de se repentir de ses excès, se déclare prêt à recommencer, — et c'est ce parti qui, se dressant en face de la France et du monde, se permet, avec de grands éclats de voix, d'en dénoncer d'autres comme étant les ennemis de la République. Si le mot République signifie gouvernement de destruction et d'anarchie, renversement de toutes les bases sur lesquelles repose l'état social, ce parti n'a pas tort. Mais si le mot République signifie défense des droits de chacun, sauvegarde des citoyens, ce parti n'est plus qu'un bandit déchaîné au milieu des peuples.

Un péril menace la société actuelle, c'est vrai ; mais il ne vient pas d'où l'on prétend. Les socialistes, désignant l'Eglise, s'écrient : « L'Eglise, voilà l'ennemi ! » Ils intervertissent les rôles, pareils aux malfaiteurs qui, montrant le gendarme, clameraient : « Au voleur ! à l'assassin ! » L'ennemi, le véritable ennemi, c'est le socialisme !

Le socialisme, voilà l'ennemi ! Ses mains sont encore noircies par les tisons qu'il a allumés, elles sont teintes du sang répandu dans des guerres fratricides, et les mêmes mains sont impatientes d'allumer d'autres torches et de verser de nouveaux flots de sang. Quand le tenteront-elles ? Demain peut-être ; en tout cas, le plus tôt possible.

Le socialisme, voilà l'ennemi ! non pas l'ennemi lointain, probable, mais l'ennemi certain, du moment, contre lequel il est grand temps de s'unir. Peut-être est-il déjà bien tard. Que pour une raison ou pour une autre, la force des baïonnettes vienne à manquer, — cela arriva en 1871, cela peut se renouveler, — aucune digue ne pourra plus arrêter le torrent.

Le socialisme, voilà l'ennemi ! Il se recueille comme un fauve accroupi. Sous le sol, la lave gronde, et les peuples inquiets ne marchent plus qu'en tremblant sur un sol qui, d'un moment à l'autre, peut se mettre à trembler et à s'entr'ouvrir.

II. — Que voyons-nous cependant ? Si on lève les yeux vers les hautes sphères gouvernementales, on y voit le socialisme installé, imposant ses volontés, édictant ses décrets. Loin de le tenir en suspicion, on lui fait des avances et on le cajole. Au lieu de chercher à étouffer le serpent, on le réchauffe pour l'heure des morsures irrémédiables. Est-ce inconscience ou démence ? Se flatterait-on qu'on pourra toujours à temps conjurer la tempête ? Ou bien ne se rend-on pas suffisamment compte du danger ? Ou bien encore, par un jeu imprudent, n'a-t-on d'autre but que d'utiliser contre l'Eglise toutes les passions irréligieuses du pays ? Alors, s'ils ne sont pas insensés ou aveugles, ceux qui ont assumé la responsabilité de conduire la France, sont des hommes néfastes. Que le peuple retienne leurs noms et les rejette dans un mouvement de dégoût !

III. — D'autre part, par un comble d'aberration, on s'acharne sur l'Eglise, sur l'Eglise qui, par sa puissance moralisatrice, est la seule force qui puisse avec efficacité être opposée au socialisme. Nous croyons l'avoir montré amplement, puisque la principale cause du mouvement révolutionnaire se trouve dans la décadence des mœurs. La protection des gendarmes est trop peu sûre ; elle n'empêchera pas la désorganisation des esprits et l'accroissement des passions malsaines qui sont le fruit naturel de la pensée laïque. Pour Dieu ! que l'on cesse, si l'on tient à l'ordre et à la paix, de persécuter l'Eglise! N'est-ce pas pitié de voir à quoi nos maîtres emploient leurs énergies et leur temps. Depuis de longues années, ils n'avaient montré pareille fièvre au travail. Ils s'étaient décidés sans doute à chercher les moyens d'améliorer le sort des travailleurs, de faire la vie moins amère à ceux dont l'existence est par trop rude, et, par des réformes pleines d'équité, de rendre de moins en moins compactes les masses des mécontents. Un tel souci aurait été digne de leurs efforts. Au lieu de cela, ils s'acharnent sur une mauvaise loi, destinée à mettre de nouvelles entraves à l'action catholique. Cette loi n'apportera pas une once de soulagement au pays, elle accroîtra les divisions entre les citoyens, mais on déteste l'Eglise et l'on est heureux de lui porter de nouveaux coups. Jadis, quand l'empire romain craquait de toutes parts, le Sénat discutait gravement sur la manière d'accommoder le turbot de César. Les Barbares emportèrent ce peuple vieillard, mûr pour la ruine. Si la France ne se reprend pas bientôt, on peut craindre pour elle de semblables destinées. Nos gouvernants ne sont pas plus sages que les antiques sénateurs assis près du Forum sur leurs chaises curules. Qu'ils continuent à lâcher les rênes à la pensée laïque : sous peu, il ne sera plus au pouvoir de personne de conjurer la révolution.

TABLE

IMPRIMERIE BUSSIÈRE. — SAINT-AMAND (CHER).

www.ingramcontent.com/pod-product-compliance
Ingram Content Group UK Ltd.
Pitfield, Milton Keynes, MK11 3LW, UK
UKHW020213200726
13856UKWH00004B/1354